青少年心理自助文库

成功丛书

人脉

莫愁前路无知己

牟林吉/著

接触高能量的人，你会觉得自己那点不开心的事情不过是生命环节中的一个小插曲，没什么大不了的。

中国出版集团 现代出版社

图书在版编目(CIP)数据

人脉:莫愁前路无知己 / 牟林吉著. —北京 : 现代出版社, 2013.11
(青少年心理自助文库)
ISBN 978-7-5143-1950-7

Ⅰ. ①人… Ⅱ. ①牟… Ⅲ. ①人际关系学－青年读物
②人际关系学－少年读物 Ⅳ. ①C912.1－49

中国版本图书馆 CIP 数据核字(2013)第 276000 号

作　　者　牟林吉
责任编辑　赵　妮
出版发行　现代出版社
通讯地址　北京市安定门外安华里 504 号
邮政编码　100011
电　　话　010－64267325 64245264(传真)
网　　址　www.1980xd.com
电子邮箱　xiandai@cnpitc.com.cn
印　　刷　北京中振源印务有限公司
开　　本　710mm×1000mm　1/16
印　　张　14
版　　次　2019 年 4 月第 2 版　2019 年 4 月第 1 次印刷
书　　号　ISBN 978-7-5143-1950-7
定　　价　39.80 元

P前言 REFACE

为什么当今时代一部分青少年拥有幸福的生活却依然感觉不幸福、不快乐？又怎样才能彻底摆脱日复一日的身心疲惫？怎样才能活得更真实、更快乐？越是在喧嚣和困惑的环境中无所适从，我们越是觉得快乐和宁静是何等的难能可贵。其实，正所谓“心安处即自由乡”，善于调节内心是一种拯救自我的能力。当我们能够对自我有清醒认识、对他人能宽容友善、对生活无限热爱的时候，一个拥有强大的心灵力量的你将会更加自信而乐观地面对一切。

青少年是国家的未来和希望。对于青少年的心理健康教育，直接关系着下一代能否健康成长，能否承担起建设和谐社会的重任。作为家庭、学校和社会，不能仅仅重视文化专业知识的教育，还要注重培养孩子们健康的心态和良好的心理素质，从改进教育方法上来真正关心、爱护和尊重他们。如何正确引导青少年走向健康的心理状态，是家庭、学校和社会的共同责任。因为心理自助能够帮助青少年解决心理问题、获得自我成长，最重要之处在于它能够激发青少年自我探索的精神取向。自我探索是对自身的心理状态、思维方式、情绪反应和性格能力等方面的深入觉察。很多科学研究发现，这种觉察和了解本身对于心理问题就具有治疗的作用。此外，通过自我探索，青少年能够看到自己的问题所在，明确在哪些方面需要改善，从而“对症下药”。

每个人赤条条来到世间，又赤条条回归“上苍”，都要经历其生老病死和喜怒哀乐的自然规律。然而，善于策划人生的人就成名了、成才了、成功了、富有了,一生过得轰轰烈烈、滋滋润润。不能策划的人就生活得悄无声息、平平淡淡,有些甚至贫穷不堪。甚至是同名同姓、同一个时间出生的人,也仍然不可能有一样的生活道路、一样的前程和运势。

人们过去总是把它归结为命运的安排,生活中现在也有不少人仍然还是这样认为,是上帝的造就。其实,只要认真想一想,再好的命运如果没有个人的主观努力,天上不会掉馅饼,地上也不会长钞票;再坏的命运,只要经过个人不断的努力拼搏,还是可以改变人生道路的。

古往今来,没有策划的人生不是完美的人生,没有策划的人只能是碌碌无为的庸人、畏畏缩缩的小人、浑浑噩噩的闲人。

在社会人群中,2∶8规律始终存在,22%的人掌握着78%的财富,而78%的人只有22%的财富,在这22%的成功人士中,几乎可以说都是经过策划才成名、成才、成功的。

策划的人生由于有目标有计划,因而在其人生的过程中是充实的、刺激的、完美的、幸福的。策划可以使人兴奋,策划可以使人激动,策划可以使人上进。

本丛书从心理问题的普遍性着手,分别描述了性格、情绪、压力、意志、人际交往、异常行为等方面容易出现的一些心理问题,并提出了具体实用的应对策略,以帮助青少年读者驱散心灵的阴霾,科学调适身心,实现心理自助。

本丛书是你化解烦恼的心灵修养课,可以给你增加快乐的心理自助术。本丛书会让你认识到:掌控心理,方能掌控世界;改变自己,才能改变一切。本丛书还将告诉你:只有实现积极心理自助,才能收获快乐人生。

C目 录 ONTENTS

第七篇　充实你的人脉存折

第八篇　交友禁忌需注意

第一篇

人脉是源源不断的财富

当今的竞争就是人脉的竞争，富人认识到了这一点，所以富人富了，强强联手、富富连营，建立起牢固的商业帝国；穷人没有认识到这一点，所以穷人穷了，而且子子孙孙，无穷匮也。我们发现那些富人家的孩子从小就学会与人相处，有与人打交道的能力，也许在老师、家长的传统思想中，会觉得这不是个乖宝宝的标准，但是这种交际手腕，会为他们未来的成功奠定很好的心理基础。在成功的公式中，最为要的一项就是如何与别人相处。我们应该从现在开始，用最大的努力去“执行”，去与更多的人交朋友。

你的人脉网开始编织了吗

拥有广泛的人际关系是一种十分重要的资源，人际关系就是人脉。它不仅是日常生活的润滑剂，又是事业成功的催化剂。独木难成林，没有朋友、没有良好人际关系的人注定难以成功。

英国有一句著名谚语：**“不懂得与人交往者，必不能成功。”**这句话说出了一个与中国古语“得道者多助，失道者寡助”相同的深刻道理：每一个人都要学会了解他周围的人并与之和睦相处。换言之，要想获得成功，必须先织一张牢固的关系网。

事实上，你的“关系网”远比你意识到的要大得多，你实际拥有的网络延伸到了与你每天都有联系的人之外。关系网中较紧密的联系包括：你与之共同工作和曾经共同工作过的人们；以前的同学、校友和朋友；你整个大家庭的成员；你遇到过的孩子的父母；你参加研讨会或其他会议时遇到的人。

这些人都是你的关系网成员。你的关系网成员还包括那些你在网络中认识的人，以及与他们有联系的人。

1967 年，哈佛大学的心理学教授 Stanley Milgram 创立了六度分离理论，简单地说就是：**“你和任何一个陌生人之间所间隔的人不会超过六个，也就是说，最多通过六个人你就能够认识任何一个陌生人。”**按照六度分离理论，每个个体的社交圈都不断放大，最后成为一个大型网络。

但在生活当中，人们一提到“关系网”就带有某种贬义，这无疑是片面的。关系网本身没有错，它是中性的，关键看它是怎样建立起来，又怎样运用的。

如果建立关系网，不违背道德标准，运用关系网也没有超出法律制度的规定，那么，这样的关系网何罪之有呢？在我国，建立健康的、符合社会

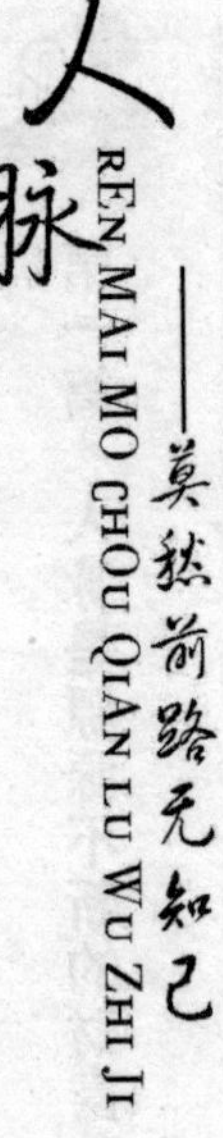

道德标准和法律制度的关系网，对社会有利，对国家有利，对单位有利，对个人的成功更是不可或缺的。

当然，关系网既然称作是“网”，就应当具有“网”的特点。也就是说，在这张网上朋友的构成有点有面，分布均匀。有的人交友却不是这样，他们结交的范围十分狭窄，分布十分不均。只在自己熟悉的范围内认识一些人，而这些人的行业和特长比较单一。这样就构不成一张标准的关系网了。

当然，不同的行业和不同的爱好会对交友形成较大的影响。如果你是一名学者，你结交的学者朋友就是你的各种关系中最集中的人群；如果你是干部，你周同的许多朋友大多数也是干部；其他各行各业也都可以以此类推。这就是我们在编织关系网的时候，常常遇到的局限，这种局限关系到关系网的“使用价值”和其他价值。假如你是一名干部，你有没有必要提高自己的理论水平？回答必然是肯定的。那么，你有没有必要结交理论界的朋友？回答也必然是肯定的。那么，在理论界寻求朋友的帮助就是必不可少的了，否则，就会遇到很多仅靠自己的力量也很难克服的困难。

相信美国大片《蜘蛛侠》很多人都看过。片中主人公叫彼得·帕克，他是个平凡的高中生，由于意外被一只具有放射性的蜘蛛咬到后，他就拥有了各种超能力：可以在墙壁和天花板上行走、能从手腕放射出蜘蛛网，借着蜘蛛网的帮助，他做了很多扬善惩恶的大事。

当然，这只是美国科幻电影里的场景，现实生活中的我们是不可能具备蜘蛛侠的超能力的，但是这并不能妨碍我们成为另一种蜘蛛侠——自己人脉网络中的蜘蛛侠！

现实中，很多成功的人大多都是有这种关系网的人。这种网络由各种不同的朋友组成：有过去的知己，有新交的新朋；有男的，有女的；有前辈，有同辈，晚辈；有地位高的，有地位低的；有不同行业的，有不同特长的；也有不同地方的……这样的关系网，才是一张比较全面的网络，也就是说，在你的关系网中，应该有各式各样的朋友，他们能够从不同的角度为你提供不同的帮助；当然，你也要根据他们不同的需要为他们提供不同的帮助。这才是关系网应当具备的特征。

所以，静下心来，仔细分析一下，在我们的工作和生活中，究竟结识了

多少这样的人呢？500个！这只是个我们社会交往人数的平均值！设想一下，从我们自身射出的每一根“蛛丝”都能联系到一个熟人的话，仅仅结出第一层网，就可以看出我们的人脉是多么强大。如果再加上你朋友的朋友，以及你朋友之间的互相联系，天啊，那简直就形成了一张密不透风、无所不及的超级大网，而坐在网中央胸有成竹的你，难道还算不上是一个“蜘蛛侠”吗？

珍妮是个很热情的人。前些天，她参加一次同学聚会，一个同学无意间向她提起，某百货公司正在准备设立一个饰品柜台，具体工作由他负责。说者无意，听者有心，珍妮偷偷到商场看了一下，预计设立柜台的地方在商场的位置极佳，可谓寸土寸金。

珍妮立即找到自己的同学，告诉他自己想承租。珍妮的同学不放心，因为在此之前珍妮从来没有做过饰品行业，更没有那么雄厚的家底。珍妮悄悄告诉朋友，其实自己只是一个饰品厂家的代理人，铺货是免费的。

同学勉强同意让珍妮试试，珍妮立即联系了自己精通饰品生意的好朋友，说自己已经找到了一个很不错的商场，销售绝对没有问题，只要免费铺货，她保证大家都有钱赚。朋友对珍妮非常信赖，不但答应给她免费铺货，还给她推荐了几个很有经验的销售人员。这样，大家就拴到一条利益链上了。

柜台开张，果然是大家发财，珍妮这个饰品生手也成了一个响当当的小老板。

从上面这个例子中可以看出，经营人脉也是一门大学问，经营人脉，要有比较高的思想道德品质、心理素质、知识素质、能力素质甚至身体素质以及良好的沟通能力。而且在现实生活当中，我们也喜欢和这样的人交往，因为道德品质好的人拥有善良的心地，宽广的胸怀，平和的处世态度，待人谦虚而又自信，积极向上而不嫉妒，欣赏别人而不自卑，了解自己的长处而不嚣张，勇于负责而不狂妄。心理素质好的人能够宠辱不惊，淡泊名利，在遇到重大问题的时候临危不乱，泰然自若。知识水平高的人懂得生活的道理，能够灵活运用书本上的知识，风趣幽默，谈吐不俗。

在生活当中，综观那些成功人士努力的成果，就是建立在一个能在他们工作生活的各个领域有力支持他们的系统上。当然，这种关系不是魔术般建立起来的，它需要多年的时间和精力的投入才能发展起来。他们与同事和生意伙伴一起打高尔夫球，参加社区的筹资活动，加入乡村俱乐部和一些商业组织，所有这些投入都是为建立他们自己的网络在做准备。

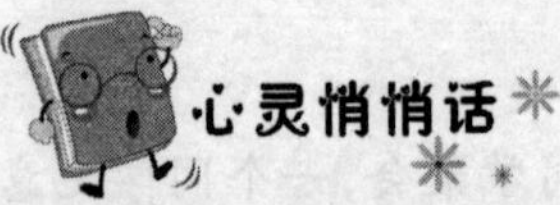

在人们追求事业成功和幸福快乐的生活过程中，同样也存在一个类似血脉的系统，我们称它为人脉。如果说血脉是人的生理生命支持系统的话，那么人脉则是人的社会生命支持系统。常言说"一个好汉三个帮，一个篱笆三个桩"，"一人成木，二人成林，三人成森林"，都是说，要想做成大事，必定要有做成大事的人脉网络和人脉支持系统。

人脉的力量

广阔人脉造就更多机遇

一匹好马可以带领你到达你所梦想的地方，而广阔的人脉资源则可以为你提供更多的机遇，帮你打通多条通向成功的道路。

2004 年中国财富排行榜上，有 6% 的企业家都认为他们最为看中的十大财富品质之首是“机遇”。那么，众多的“机遇”从哪里来？自然是从自己周围众多的朋友中来的，你的人际关系越好，能够抓住的机遇也就会越多。

年轻的杰夫出生于工人家庭，平时也没有什么朋友。而彼特则有很多同学和朋友，并且他的许多朋友都是学有所长的社会精英。彼特是一名十分出色的保险顾问，而且还有许许多多的赚钱渠道。杰夫与彼特同样是保险顾问，但两个人的世界却有着很大的差别，所以，他们的保险业绩也有着很大的差距。不久以后，彼特就赚到了自己的第一桶金，又利用各种朋友关系，打开了创业的新局面。刚开始没有什么创业经验的他在朋友的建议下加盟了一家品牌服装店，不久，由于他经营不善，失败了。随即他根据自己的特长，又利用海外的同学关系，做起了外贸生意，并开始了他的致富之路。

3 年下来，他的生意越做越大，赚了不少的钱。而杰夫则还在原来的保险公司继续做着他的保险顾问。

彼特凭借自己广泛的人际关系，获得了许多的发展机遇。虽然经历了失败，但是，正是因为他的失败，才铸就了他后来更大的成就。而杰夫与彼特有同样的起点，但是由于缺乏人际关系，几年后两个人的世界更是有了天壤之别。

那些能够在不同的空间领域施展才能的人，往往是善于编织人脉网的交际高手。他们会利用一切方式去结交不同领域中的朋友，并时不时地对这些朋友施予"恩惠"，当他自己需要寻求别人的帮助时，手上便有一堆现成的人情债可以讨，而且不费吹灰之力便能讨得到。所以，如果你想获得更多的机会，周末请别老待在家中，要多出门去参加一些社交活动，多结交一些其他领域中的朋友。

同时，平时下班后也不要急于回家，多思考一下，自己还需要什么样的人脉，有意识地去结交那些对自己的未来发展有用的朋友，让自己获得更多的发展机会。

人脉影响你的成功

在成功的公式中，最为要的一项就是如何与别人相处。如果你已经深刻地"感受"到了这一点，那么你就应该从现在开始，用最大的努力去"执行"，去与更多的人交朋友。

很多百万富翁成功的秘诀只有一个，那就是他们有广结朋友的能力。佐治亚州州立大学的史坦利教授在他的《行销致富》一书中说："每个百万富翁都有一本厚厚的名片簿，也正是这本名片簿加快了他们成功的步伐。"另外，他们还更愿意与其他的富翁进行分享，以便能够结识到更多的朋友。

罗斯福对此也深有感触，他曾说："在成功的公式中，其实最为重要的一项就是如何与别人相处。"如果你已经深刻地"感受"到这一点，那么你就应该从现在开始用自己最大的努力去"执行"，去与更多的人交朋友。

美国石油大亨洛克菲勒也这样总结自己的成功经验："与世界上所有

的能力相比，我更关注与别人交往的能力。”而他就是因为其卓越的人脉沟通能力成就了自己的辉煌事业。

在商场上也有句俗话：“天大的面子，地大的本钱。”它主要就是指明人脉对个人成功的巨大影响。

同样的，在漫漫人生之路中，当你想获得成功时，究竟谁会对你伸出援手并能发挥巨大的作用？这个人很有可能是你平日里所交往的朋友中的一位。他可能是你工作上的伙伴，可能是你在学校里的同学……与你交往的任何一个人都有可能成为你生命中的“贵人”。所以，要想获得成功，要想改变命运，必定要经营好自己与周围人的关系。

世界著名的魔术大师浩华·哲斯顿曾经被世人称为“魔术师中的魔术师”。在他魔术生涯的40年中，他的精彩表演曾经迷倒了万千观众。在当时，所有人都弄不明白他成功的原因。当浩华·哲斯顿最后一次在百老汇上台表演的时候，《创富学》的作者希尔曾经在他的化妆室里待了整整一个晚上，并不停地向他请教关于他如何成功的问题。

哲斯顿告诉希尔，和他表演水平差不多的魔术师有很多，但是他之所以能够取得巨大的成功，就在于他时刻对观众保持着真诚的表演态度。哲斯顿对希尔说：“大多数魔术师在表演的时候，只会将台下的观众看成是一群傻子、一群笨蛋，可以将他们骗得团团转。

但是，我却将观众看成是最为忠实的朋友。”抱着这样的热情去为观众表演，他受到了观众的欢迎。同时，在表演过后，他还会为观众留下联系地址，并接收来自各地观众的信件，同时还诚心地为很多观众回信。几十年下来，他与很多观众都成了朋友。所以，他的表演总能得到许多的欢呼声。

哲斯顿在每一次上台前都会对自己说：“我很感激，因为这些人来看我的表演，他们能够使我拥有一种满足感和快乐感。他们是我最忠实的朋友，我应该把自己最高明的手法表演给他们看。”

希尔听完哲斯顿的总结后，十分感慨，没想到他的成功秘诀竟然如此简单，那就是与众多的观众交朋友。

是的，人脉的力量就是如此巨大。在现实生活中，你也许也会有这样的感觉:你的工作能力、人品等各个方面都与那些成功的人不相上下,甚至有的地方还比他们强,但是自己却总是抓不住成功的机会。其实,这主要是因为你比那些成功者缺乏更多的人脉,获得成功的机会自然也会比他们少。

心灵悄悄话

我们的祖先创造了"人"这个字,可以说是世界上最伟大的发明,是对人类最杰出的贡献。一撇一捺两个独立的个体,相互支撑、相互依存、相互帮助,构成了一个大写的"人","人"的象形构成完美地诠释了人的生命的意义所在。

我们都是未曾相识的朋友

在这个人脉的年代里，做小事需要人脉，做大事更是离不开人脉，所以人脉成为所有人竞相追逐的对象，成功者更是不敢对之小觑。

怀特曼说："世界上没有陌生人，只有还未认识的朋友。"

这句话真的有道理，就算我们现在熟稔的朋友，不也是由陌生人转变而来的吗？

每天我们都在跟不同的陌生人擦肩而过。那么当你与一个陌生人擦肩而过时，有没有想过这样一个问题——那就是，假如你能认识这个陌生人，你就等于打通了一个陌生的圈子。因为在这个陌生人的背后，有一个很大的人脉圈子存在着，正如你有一个人脉圈一样，这个陌生人也有自己的交际圈。

罗娜近期计划到南方某海滨城市游玩，但是她又不想选择跟随旅游团，但是如果自己一个人去，人生地不熟的又是很不方便。于是她试着给自己在网上的好友们发了信息，希望他们能够推荐一个信得过的朋友来帮助他，作为回报，她可以在对方来本地时给对方以照顾，或者这次过去时给对方带一些本地的土特产。

她的消息发出去没有多久就收到了很多好友的回复，其中有一个朋友甚至还向她推荐了一个当地的朋友。经过反复推敲，罗娜觉得这个朋友还是值得信赖的。于是在这个朋友的引荐下，和对方取得了联系。

对方的接待果然非常热情，不但以很低的价格帮她预定了酒店，而且还帮她设计好了旅游路线，并且还在休息的时候亲自陪她转了好几个景点。在临告别的时候，罗娜再三表示感谢，但对方却说："朋友托付的事情，就是自己的事情，因为朋友的朋友就是自己的朋友。"

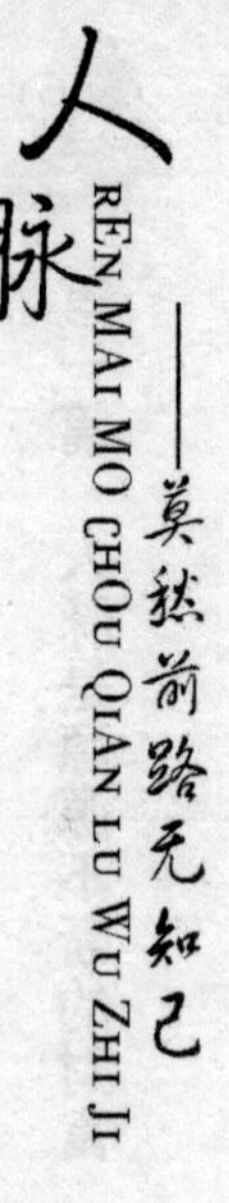

其实，生活在现代社会中，每一个人活动的圈子都是非常有限的，但是这个社会太大了。在这样的社会中生活，我们几乎每天都要面对陌生的领域和陌生的人，如果我们仅仅凭着自己的“勇敢”满头乱撞，那碰壁几无避免。但通过他人的帮助，我们也许可以找到一条捷径，从而避免在时间和精力上付出太多的消耗。同时，通过朋友的介绍，我们可以接触到很多我们原本并不熟悉的领域，并从这些陌生的领域中找到创业和成功的机会。

我们平时说两个人是陌生人，这里的“陌生”其实是指两个人的心理距离，人与人越陌生，心理距离就越大。这种距离就像一堵冷墙，将人们隔开，如果你想跟一个陌生的朋友成为至交，那么只有推倒这堵又冷又硬的墙，如此，你就一定要学会如何与陌生人沟通交往。

所以，跟一个陌生人交往，你需要克服的最大障碍就是自己的“心理障碍”。这层障碍不除，你们将会永远都是陌生人！其实，与陌生人交往是令人心情愉快的事情，你可以回忆下一个陌生人主动与你交谈时你内心的激动就会明白，无论是主动认识别人还是被动与人相识，都是很让人开心的。

如果你细心的话，你可能会有这种发现，在一个相互间都很陌生的宴会上，80%以上的人大都在等着别人来与自己打招呼。不过每个人都不愿意主动说话，可能是出于防护意识。总之，他们像木头人一样，在会场上一动不动；而另有一些人则不然，他们东游西走，侃侃而谈，他们总是主动伸出自己的友好之手，一边做着自我介绍，一边通过眼神、手势等交流，很快便与数人打成一片，其场景欢欣无比。

可能你还会漠视这种做法，但请想想这种做法是不是真的具有积极的意义呢？不言而喻，主动向陌生人伸出友好之手，这种做法会使对方产生“他乡遇故知”的美好感觉和心理上的信赖。如果他的欢声笑语和热情姿态传达到了会场上的每一个角落，那么，无疑这个人将成为此次会场中最受关注、最容易被人记住、最受众人欢迎的人物。

在当代的社会中，无拘无束地与陌生人结识，是人们必备的一个社会生存技能。当你与陌生人交际的本领越来越强，你的生活就会变得越来越丰富有趣。

有人说，成功者与平凡者的最主要区别之一，就是成功者认识的朋友比平凡者要多得多。成功者为什么能认识那么多的朋友呢？因为他们非

常乐于与陌生人交往。每一个陌生人都代表着一个陌生的交际圈，成功者认识了很多的陌生人，由此他也链接到了很多的交际圈，所以他的人脉圈，在短短的时间内扩展到了骇人的地步。

要做到结识一个陌生人，其实是一件多么简单的事情呀，你只需主动把手伸出去就可以了！当你尝试着将自己的手向陌生人伸去，并镇定自若地介绍自己时，你会发现，主动接触比被动交往真的要轻松多了。当你养成与陌生人交往的习惯后，渐渐你在与人交往的时候就会越来越洒脱，越来越随心随性。你的朋友随之越来越多，事业发展的门路越来越广，无论你从事的是什么事业，你都会越做越兴旺！

当然，在日常交友时你还必须要练就出一双慧眼，这样知人善交，并且长期地培养感情，才能使自己的人脉不断地稳固和增加。如果不加选择地随意交友，也许最后不能助自己一臂之力，反而会拖自己的后腿，给自己制造麻烦。这样的损友万万不可深交。

因此，你要想你的成功路上多贵人，那么请将你的目光放远点。不因小利而为之，应以长利而为之。

这样看来，长远的人脉投资实际上完全包含在平时的为人处世之中。临时抱佛脚，虽然偶尔奏效，但是在积累人脉的时候是没有什么用处的。发展人脉靠的是长期的真心和付出，“近视眼”是万万不可的。长远的目光才有助于你长久的人脉和长久的钱脉！

有一句话说“友遍天下，走遍天下都不怕”，这便是“人和”的积极意义在现实生活中的真实写照。有识之士都认识到了这一点，所以他们平时就很注重对“人和”要素的培养。他们广交朋友，博纳雅言，于是人心所向，他们理所当然地会登上成功的宝座。

圈子需要不断的修剪

你的圈子找对了吗

现代社会可以说得上是一个人脉的年代，人脉决定输赢，人脉决定命运，大到一桩国际谈判，小到一单小买卖，人脉都表现出其极大的作用。“得人脉者得天下”，这已经不仅仅是一种宣传的口号，并且已经逐渐成为无数优秀商业人士的行为做事的准则。

纵观那些有钱人的朋友一般都是那些达官贵人，是有身份、有地位、社会资源极其丰富的人，而穷人的朋友大多还是另一些穷人。所以说，穷和富不是没有缘由的，好和坏也是有根本差别的。

在现代生活中，人们也都认识到了人脉关系的重要性。比如，一个陌生的大都市，你从来都没去过，但只要你有朋友在那里，哪怕你身无分文也敢闯，而人生地不熟的，则需要非常大的勇气才敢斗胆闯一闯。

这些就是人脉带给人的最基本的利益。除此以外，人脉更是成就你人生的一个重要因素。缺乏人脉的人是根本不可能成功的。你还可以猜猜，和比尔·盖茨先生关系最好的一个朋友是谁呢？其中之一便是同样大名鼎鼎的巴菲特。你可以将他身边的三个最要好的朋友的身价平均一下，是不是跟比尔·盖茨的身价相差无几呢？

好的人脉确实就如一枚大补大救的大还丹，让你在当下的商业社会打造金刚不坏的真身。就算你条件欠缺，前途凶险，你的人脉也会帮你扫平障碍，打开通途，让你的一生都明亮起来。

从今天开始，千万不要再苛责上天的不公平了！你无法改变这个世界，你唯一能做的就是改变你自己！这是你必须始终保持头脑清醒的一件事。

而谈及改变自己，又从何改起呢？很简单，先从改变自己身边的朋友做起！因为“近朱者赤，近墨者黑”，与谁交往将会决定你成为怎样的人！如果你想成为一个优秀的人，结交高含金量的人必须是你奋斗的重中之重。

当然，每一个人都想改变自己的命运，像每一个优秀的人一样享受更高层次的生活。可是他们却并没有把人脉作为奋斗的一点，反而选择了一个错误的方向，这样南辕北辙，即使努力一辈子到头来都只是竹篮打水一场空。其实，你的身边隐藏着无数个机会，如果你能把握好这些机会，都完全可以改写自己的人生。可是，多少人却视而不见，任之撒手离去。

话说回来，并不是你认识朋友就能成功，还要看你的朋友是谁，你的朋友是做什么的，你的朋友处于一个什么样的层次。如果你的朋友只是一帮酒肉朋友，你天天陪着他们去喝酒，喝酒后还要耍酒疯，耍酒疯肯定是耍不出大事业来的。所以说，想成功，想改变命运，你就得认识有能力让你成功、有本事为你改变命运的人。这样的人你认识几个？

你或许会说，这样的朋友我一个都不认识。其实，这是你思想认识的问题。要知道，这个世界上的任何一个人你都可以认识。

有这么一个故事：

几年前一家德国报纸接受了一项挑战，要帮法兰克福的一位土耳其烤肉店老板，结交他最喜欢的影星马龙·白兰度。

结果经过一段时间，报社的员工发现，这两个人只经过不超过六个人的私交，就建立了人脉关系。原来烤肉店老板是伊拉克移民，有个朋友住在加州，刚好这个朋友的同事，是电影《这个男人有点色》的制作人的女儿的结拜姐妹的男朋友，而马龙·白兰度主演了这部片子。

看到这里，你也许会惊呼——哇！这个世界真的这么小吗？要知道我们生存的这个世界真的很大，仅地球陆地面积就大到了1.49亿平方千米，那是将近1.5亿平方千米啊！地球上的人口呢？据目前最新的统计，已经超过65亿人了！这么大的世界，这么多的人口，一个人要联系到另外一个素不相识的人，那简直是大海捞针。但是却有人用实践证明了一个几乎不可思议的理论：这个星球上的所有人，从某种意义上来说，都可以通过个人的关系网联系起来，任意两人之间的最短距离都不超过五个人！

按照这种观点，我们应该对我们生活的这个小世界有个更为清醒的认识：不要对结识成功人士存有畏惧心理，认为自己高攀不上。其实，我们甚至可以跟奥巴马、普京、姚明成为朋友，还有什么人让我们必须仰视呢？只要我们有自信，有恒心，加强联系和沟通，我们就可以交到来自各行各业的朋友，来自世界各地的朋友。

所以，如果你没有显赫的家世，没有傲人的学历。但是你还可以有另外一种选择，那就是从此刻开始累积你的人脉，并将人脉的力量最大程度地发挥出来，这样成功便难逃你的五指山了！

人脉关系不是一成不变的

你的人脉关系网永远不可能多到你可以停止扩大它的地步。你要了解你的人脉中缺少哪类资源，然后再有意识地去补充。

生活中，很多人总觉得自己的人脉关系根本不能对自己发挥有效的作用，其实，这主要是因为你根本不清楚自己究竟需要哪些人脉。要知道，你的人脉关系网永远不可能多到你可以停止扩大它的地步。所以，突破瓶颈的一个重要的方法就是要去了解你的人脉中缺少哪类资源，然后再有意识地去补充。

张亮毕业后就到一家公司做销售工作，刚刚工作就遇到了令他头疼的事情，那就是不管他走到哪里，都是陌生人，虽然他也努力去与对方结交，但到月底总也签出不几张单子。

其实，之所以会出现这样的情况，最大的原因就是他缺乏有用的朋友。

试想他若能拥有几个有社会地位与成就的朋友，也不致天天为工作业绩而发愁了。可当他打开自己的通讯录时，上面的朋友基本上都是他的同学，这些人与他一样也是刚刚踏入社会。所以，在郁闷的时候，他也只能给这些朋友打打电话，倾诉一下，但是终究不能解决他的工作问题。

后来，张亮就开始有意识地主动去结交那些生意场上的人，渐渐地就与他们熟悉了，并建立了友情。有了这些朋友的帮忙，他的销售业绩也直线上升了。

在张亮的人脉关系网中，最为欠缺的就是对他的事业发展能起到推动作用的人脉，所以，他就主动去结交这类朋友，有意识地去补充和完善自己的关系网，最终改变了现状，提升了工作业绩。

在生活中，每个人所缺少的人脉资源是不同的，比如，有的人很有钱，也很有地位，身边有很多各种各样的朋友，而在自己情感需要慰藉的时候，却发现自己错综复杂的关系网中根本没有一个可以交心的人。而有的人则是缺少有地位、有经济实力的朋友。

所以，要使你的人脉关系对你发挥效用，现在就要检查和盘点一下，你自己究竟缺少什么样的朋友，然后再有意识地去结交这类朋友，补充和完善你的关系网，使自己的各个方面都进行得更为顺利。

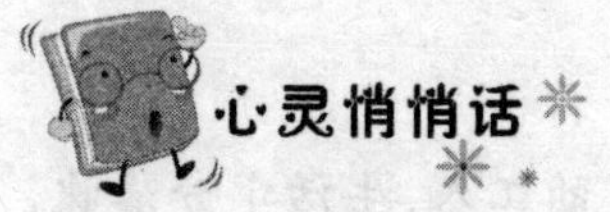

人脉圈子，对一个人事业的影响难以估计，所以凡是经历过生意场上的大波大折、大风大雨的大智慧者，都力劝后来的人们对“人脉圈子”的培养要花费大心血。美国石油大亨洛克菲勒曾直言不讳地说：“我愿意付出比天底下得到其他本领更大的代价来获取与人相处的本领！”

人生路上有朋友才精彩

朋友帮你度过人生的难关

很多朋友会在你困难的时候向你伸出援助之手。助你跨过一道道的生活难关,让你的生活更加幸福、美满。

有人说,生活是一个不断出现困难和不断解决困难的转圈游戏,仔细想想也的确如此。生活中时刻都充满了大大小小的困难,但是困难的解决却不是一件容易的事情,正因为如此,生活才充满了艰辛与烦恼。但是,如果你有一个很广的人脉,那么许多困难也许便不再是困难了。对此,美国著名影星柯克·道格拉斯深有感触。

柯克·道格拉斯在年轻的时候是一个小工厂的工人,生活十分落魄,经常是食不果腹、居无定所。但他却是一个随和、健谈的人,于是结识了很多的朋友,这些朋友虽然也很穷困,但是都会尽力地接济他,帮他渡过一个个难关。他曾经说,如果没有这些朋友,他的生命可能早就完结了。

正是因为有这些朋友,才让柯克·道格拉斯时刻对身边的每一个人都充满了感恩的心。有一次乘火车时,他无意间帮了身边一位女士的一点儿小忙,那位女士对他充满了感激。

没过多长时间,柯克·道格拉斯所在的工厂倒闭了,他失去了工作,生活更为窘迫。后来他又遇上了那位女士,双方很愉快地交谈起来。在得知柯克·道格拉斯在家待业的消息后,那位女士就说自己所在的影视公司正

在招演员，不知他是否愿意屈就。柯克·道格拉斯想，他们只是打过几次交道，双方又很长时间未曾谋面，所以就认为这只是一句客气话，并未往心里去，他随口应承着说可以回家考虑一下。可没料到的是，第二天，那位女士就打来电话问他是否能去上班。

自从那以后，柯克·道格拉斯就开始了他的演艺生涯。他凭借自己天才般的表演才能，不仅解决了自己生活中的困难，还从此迈向了自己的事业高峰。

对此，柯克·道格拉斯深有感触地说：我早年的生活充满了艰辛和困难，如果没有周围朋友的相助，我不会取得今天的成就。

是的，每个人的能力是有限的，你不可能去解决或完成你所面临的所有难题，但是如果你周围有很多朋友，他们会在你困难的时候向你伸出援助之手，就可以助你跨过一道道的生活难关，让你的生活变得幸福、美满。

学会运用朋友的力量

现代社会是一个社会化大分工的时代，这其中本来就蕴涵了合作才能共赢的本意。人是社会化的动物，唯有融入社会，依靠社会的力量才能做得成大事业。因此，作为个人，千万不要迷信"单打独斗"的力量，这种心态只会害人害己。毕竟，一个人之于社会只如一滴水之于大海，实在是太微不足道了。

团结是人的本性。在原始社会，自然环境恶劣，生产力水平低下，人类如果不结为整体联合起来同大自然抗争，便随时都有可能被残酷的大自然所吞噬。在恶劣的生存条件下，要么自发地团结在群体周围，归属整体而生存，要么背离整体而死亡。到了人类的思想家荀子这里，对此给予了理性的概括："人力不若牛，走不若马，牛马为人之所用。何也？人能群，彼不能群也。"团结是人所具有的。当然，原始人类的这种自然的结为群体的本性，到了阶级社会后，便开始打上了阶级的烙印。

那么,在现代企业环境下,什么才是团队精神呢?团队精神是高绩效团队中的灵魂,是成功团队身上难以磨灭的特质,没有多少人能清楚地描述团队的精神,但每一个团队成员都能感受到团队精神的存在和好坏。

在团队中,有些人会觉得心情比较舒畅,干劲儿也很足,大家的协作性很强,能够创造出一些令人骄傲的业绩;在另外一些团队中,人们觉得钩心斗角的事情较多,心情压抑,团队在内忧外患中生产力直线下降,业绩惨淡。有团队精神的团队,团队成员的个人智商可能是100,但加在一起的团队智商可能会达到150甚至更高;而反过来,缺乏团队精神的团队,即使个人智商达到120,但团队组合到一起的智商只有60-70。出现这种情形的关键要素就是团队中的文化成分,也就是所说的团队精神。团队精神是指团队的成员为了团队的利益和目标而相互协作、尽心尽力的意愿和作风。

团队精神包含三个层面的内容。

1. 团队的凝聚力

团队的凝聚力是针对团队和成员之间的关系而言的。团队精神表现为团队强烈的归属感和一体性,每个团队成员都能强烈感受到自己是团队当中的一分子,把个人工作和团队目标联系在一起,对团队表现出一种忠诚,对团队的业绩表现出一种荣誉感,对团队的成功表现出一种骄傲,对团队的困境表现出一种忧虑。团队自豪感是每位成员的一种成就感,这种感觉集合在一起,就凝聚成为战无不胜的战斗力。当个人目标和团队目标一致的时候,凝聚力才能更深刻地体现出来。组织中的员工相互欣赏,相互信任;而不是相互瞧不起,相互拆台。管理者应该引导下属发现和认同别人的优点,而不是凸显自己的重要性。

2. 团队合作的意识

团队合作意识指的是团队和团队成员表现为协作和共为一体的特点。不仅是在别人寻求帮助时提供力所能及的帮助,还要主动帮助同事。反过来,我们也能够坦诚地乐于接受别人的帮助。团队成员间相互依存、同舟共济,互敬互重、礼貌谦逊;他们彼此宽容、尊重个性的差异;彼此间是一种信任的关系、待人真诚、遵守承诺;相互帮助、互相关怀,大家共同提高;利益和成就共享、责任共担。良好的合作氛围是高绩效团队的基础,没有合作就谈不上最终的好业绩。

3. 团队士气的高昂

这一点是从团队成员对团队事务的态度体现出来的，表现为团队成员对团队事务的尽心尽力及全方位的投入，从而愿为组织或同事付出额外努力。

在现代社会，团队的力量远远大于一个个单独的优秀人才的力量。在当今世界，任何具有重大意义的科学研究、理论探索、技术工程等，都不可能凭借个人单枪匹马的奋斗就能完成。1961 年，美国实施的长达 10 年的“阿波罗登月计划”有将近 42 万人参加，涉及 2 万余家公司、120 所大学。21 世纪的重大创造性活动将依赖于跨国、跨地区、跨学科的人才群体的合作。在个人层面上，发展趋势也同样如此，人们事业的成功将越来越依赖于广泛的交流与合作。

现代企业招聘员工，有一套很严格的标准，最必要的条件就是要有团队精神。就算这个人是天才，如果其团队精神比较差，那么也没有企业愿意用。不能与同事友好合作，没有团队意识的人，即使有很好的能力，也难以把自己的优势在工作中淋漓尽致地发挥出来，不但难以引起老板的关注，更难以在职场立足。有个软件开发公司的老总说：“中国 IT 界有很多年轻聪明的人才，但团队精神不够，所以每个简单的程序都能编得很好，但编大型程序就不行了。美国微软公司开发 Windows XP 时由 500 名工程师奋斗了两年，编码达 5000 万行。软件开发需要协调不同类型、不同性格的成员共同奋斗，缺乏领军型的人才、缺乏合作精神是难以成功的。”

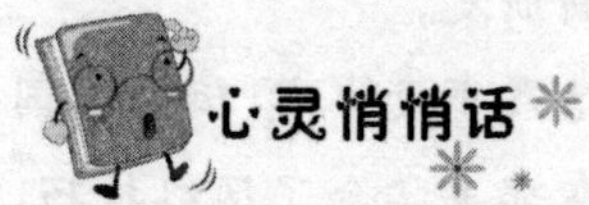

心灵悄悄话

那些成功的人从来不认为自己的成功是靠“单打独斗”出来的。比尔·盖茨曾经说过：“我之所以成功是因为有更多的成功人士在为我工作。”牛顿也承认其之所以看得比别人远，只是因为他站在巨人的肩膀上。

朋友是无价之宝

朋友会教会你很多宝贵的东西

如果你有众多的朋友。便可以从他们那里得到真实可靠的社会经验与人生经验，扩大自己的认知和视野，从而改变自己狭窄的人生观，使自己的人生之路更为顺畅。

每个人要想在社会中生存、发展，首先就要了解这个社会，与众多的朋友交往便可以加深你对社会的了解。

马云原在杭州师范学院做了6年教师，其间，他结交了许多英语人才并创立了一家外文翻译社，他利用业余时间接了一些外贸单位的翻译工作，虽然没有挣到多少钱，但是他却认识了许多的新朋友。

后来，马云受朋友之托有幸到美国去办事。结果事没办成，倒是从国外的朋友那里了解到互联网世界的巨大力量，便在那里学会了网络技巧。然后，他就想到要为他的翻译社做网上广告，没多久就收到来自美国、德国与日本的一些客户的信息，说这是他们看到的有关中国的第一个网页。

"这里有大大的生意可做！"马云当时又从国外的朋友那里了解了互联网，便开始了他的创业之路。几年后，马云便开创了他的阿里巴巴网站，成为风靡一时的商业巨人。

马云从美国的朋友那里了解到了互联网在社会上所产生的巨大力量，

开阔了他的视野,然后才开始了他的创业之路,最终获得了成功。如果他没有那些朋友,如果他没能早些了解到互联网在中国市场的空白,便不可能会有今天的成功。

做事靠自己,成事靠朋友

一个人在社会上生存,要想得到更多的朋友,获得更多的人际资源和帮助,一定要有一个或者几个属于自己的圈子。圈子,最重要特点是圈里的成员都有相近的爱好和共同感兴趣的话题,而且说话自由,交流方便。因此,圈子里的人很容易找到与自己志同道合的朋友,听到自己关心的各种信息,从而得到更多意想不到的收获。

事实上,一个人组成不了团队,团队的力量将远远大于一个优秀人才的力量。合作所产生的力量绝不是团队个体力量的简单叠加,整个团队协作产生的合力绝对要大于每一个团队成员力量的总和。

尤其是在今天,企业比起以往任何时候都更需要协作精神,资源共享、信息共享才能够创造出更高质量的产品和服务。对于企业内部的员工而言,协作造就团结,这是一种双赢的状态,是员工之间的双赢。下面的就是发生在一个中国留学生身上的真实故事。

当一位中国留学生在美国进修资管硕士学位时,有一门课程要求他和班上的其他三名同学一组到一家企业去实地参与编写一份企划方案。由于同组的另外三个美国同学对企划开发都没什么概念,所以他这位组长只好将重任一肩挑起,并几乎是独立完成了所有的工作。方案上交后,厂商及教授对他们的(其实是他的)方案都相当满意。第二天他在拿到成绩时发现自己得的竟然是一个B,更让人不能理解的是他的另外三个美国同学拿的却都是A。他感到愤慨,前去询问他的教授:

"为什么其他人都是A,而我是B?"

"哦!那是因为你的组员认为你对这个小组没什么贡献!"

“啊？但是，你该知道那份计划几乎是我一个人弄出来的啊？”

“哦！是啊！他们也都是这么说的，但论起在团队中的贡献……”

“说起贡献，你知道Jone每次我叫他来开会，他都推三阻四，不愿意参加；Jeff每次写的程序几乎都不能用，都是我帮他改写的；Mimi除了晚上帮我们叫Pizza外，几乎什么都没做。”

“为什么会这样呢？Jone说你每次开会都从不听他的，所以感觉没有必要再参加你开的会了；Jeff觉得他的工作成果被你任意修改而感到不被尊重，也因此越来越不喜欢参与你的领导了；但Mimi对于挽救小组陷于分崩离析作出了极大的贡献，使你们这个小组最终完成了任务。”

“我亲爱的教授先生！你该不是在搞种族歧视吧？”

“我可怜的孩子，你会打篮球吗？”

“这关篮球什么事？”

“这么说吧，任何大学生，对于竞争大约都不会陌生。高考的竞争就像是打棒球，而不是打篮球。如果你当一个外野手，球飞过来了，你只能靠自己去接住它，别的队员跑过来，不但帮不上忙，还可能会妨碍你接球。高考也是这样的一场个人秀，无论你的亲朋好友、老师同学多么想帮你，你最后还是得自己一个人进考场。但是出了高考大门，你会发现这类个人秀型的竞争是很少见的。不论你从事何种职业，你的成功都必须仰赖别人跟你的合作。就像是一个篮球球员那样，任何的得分都必须靠队友之间亲密的配合。如迈克尔·乔丹，他除了精湛的球技之外，更重要的是他与队友间良好的合作……”

现在，这位中国留学生在工作中每天都需要上级的提携、同事的帮助，以及别人的大力配合，他的团队在他的引领下永远保持着一种旺盛的活力。

从这个中国留学生的身上，我们可以看出你所交际的圈子对于你事业的成败及工作的好坏具有极大的影响，所以说成功在很大程度上取决于你拥有多大的权力和影响力，与合适的人建立稳固关系至关重要。

由此可见，成功建立关系网的关键是选择合适的人建立稳固的关系。良好的人际关系能开拓你的视野，让你随时了解周围发生的事情，并提高

你倾听和交流的能力。

喜爱文学艺术的人都知道一句话，叫作“功夫在诗外”，这句话的本意是指学习作诗，不能单纯地就诗学诗，而应把功夫下在掌握渊博的知识，参加社会实践上。对于希望建立起强大人脉的人来说，这句话同样重要。

编织一张好的关系网，大致要经历以下几个步骤。

1. 筛选

把与自己的生活范围有直接关系和间接关系的人记在一个本子上，把没有什么关系的人记在另一个本子上，这就像是打扑克中的“埋底牌”，把有用地留在手上，把无用的埋下去。

2. 排队

要对自己认识的人进行分析，列出哪些人是最重要的，哪些人是比较重要的，哪些人是次要的，根据自己的需要排队。这就像打扑克中要“理牌”一样，明白自己手里有几张主牌，几张副牌，哪些牌最有力量，可以用来夺分保底，哪些牌只可以用来应付场面。

3. 对关系进行分类

适时对各种关系的功能和作用进行分析、鉴别，把它们编织到自己的关系网之中。即使各种关系对你所起的作用不同，但对你都可能是至关重要的，所以对你身边的关系网进行分门别类，你自然就会明白，哪些关系需要重点维系和保护，哪些只需要保持一般联系和关照，从而决定自己的交际策略，合理安排自己的精力和时间。

人脉资源是一种潜在的无形资产，是一种潜在的财富。即使你拥有很扎实的专业知识，而且是个彬彬有礼的君子，还具有雄辩的口才，却不一定能够成功地促成一次商谈。但如果有一位关键人物协助你，为你开开金口，相信你的出击一定会完美无缺，百发百中。

第二篇

魅力赢得好人缘

在人与人的交往中，初次见面，彼此便留给别人最深刻的印象了，无论是你说了什么，还是做了什么，在别人的心目中，早已留下了烙印。谁都会把第一次接触到的事物牢牢记在心中，甚至永世不会忘记。许多高龄老翁都能清楚地记起自己第一次走进校门、学习的第一课的情景。这就是“第一印象”的神奇力量。

既然第一印象能在人的大脑中留下不可磨灭的记忆，那么，我们就可以利用这一原理，在学习时有意识地给自己造成强烈的印象，就像一位优秀的雕刻家在创作，一次成功，不再返工。

充满自信地与别人交往

结识新朋友对每个人而言都是极为重要的，但是，如何才能使自己更有效率地结识到更多的新朋友呢？美国著名的成功学大师卡耐基说过："拓展自己的人脉关系有许多技巧和方法，但是首先要对自己有信心。"

自卑者是很难与"魅力"两字沾上边的，他们总是被一种负面的阴影或情绪所困扰，不能释怀，给自己的周围平添了许多的交际屏障，总是不能够打开对方的心结。

其实，多交朋友、广结人脉总是会受到诸多因素的影响，其关键在于你如何去对待。俗话说："金无足赤，人无完人。"不管你有先天缺陷还是在后天遇到了诸多的不幸，那只是上帝与你开了一个小小的玩笑，勇敢地去面对现实，自信是人们击败挫折、提升个人交际魅力的武器。敞开心胸、充满信心地与别人交往，是走向光明的最佳途径。

李静出生在一个偏远的农村，家境比较贫寒，从小到大都没穿过像样的新衣服，自然就免不了受到别人的嘲笑。为此，她的性格从小就极为内向，不爱与陌生人说话。

后来，她考进了大学，面对诸多的同学，她还是极为自卑，不敢轻易地与周围的同学交往。但是，当看到其他同学都成群结队的时候，她也想与别人成为朋友。学经济管理的她很清楚一个人若是没有自己的人脉关系网会是一件多么可怕的事情。所以。她就下定决心要改变自己自卑的性格，积极地与更多的同学、老师交往。

此后，她积极地参加各种社交活动，在平时，只要有机会，她就会积极地暗示自己要去与周围陌生的同学搭讪。在学生会，她抓住一切可以树立自信心的机会展示自己，她积极报名参加各种演讲比赛，还拿了很多奖。

她利用业余时间学会了跳舞，获得了与陌生人交往的资本。渐渐地，自信心也就建立起来了，最终成为朋友圈中极受欢迎的人。大学毕业时，她结交的朋友甚多，与小时候的她已经判若两人了。

大学毕业后，她就与几个十分要好的朋友共同投资开了一家餐馆，并且经营得相当成功，当然了，她的成功与她凭着自身自信的气质所赢得的广泛人缘是分不开的。

其实，在现实生活中，像李静这种性格的人并不少见，但是，其中有很多人尽管知道人脉关系的重要性，却不知道如何摆脱这种不自信的束缚，有些人是一直想改变自己却苦于寻找不到有效的方法。那些天生性格内向、害羞、自卑的人，要改变自己，其实需要一个循序渐进的过程。首先就是不要畏惧自卑，即便这种自卑是令人痛苦与害怕的。然后要尝试着一步步地慢慢去改善，直到取得一些突破。一旦有了这样的突破，那么自信心自然就会树立起来，你的个人魅力也会不断地增加。

俗话说，好的开始是成功的一半，想要尝试着走出第一步，不妨试试下面的方法。

1. 勇于忘掉自我

缺乏自信的你，每当出席一场重要的宴会时，是否总会有这样的念头：我今天的服饰打扮得体吗？有人会夸赞我吗？我该如何开口与陌生人进行交谈呢？我该说些什么来缓解一下现场的气氛呢……诸如此类的担心在你脑中不停地打转，使你越想越紧张，而你越是紧张，在与别人说话的时候就越拘谨，这样反而会影响你与别人的正常沟通。在这个时候，你不妨忘掉当前的自己，换个角度去考虑一下：对方一定就会比我强吗？他有哪些地方比我高明呢？没准对方当前的心里也在想着同样的问题呢……这样不但能消除你的紧张感，而且还在无形之中让你充满了自信心，这样你与别人交往的时候就可以变得坦然自若、镇定沉着了。只要你勇敢地抬起自信的头，绝对可以成为整个宴会最为耀眼的人物。

2. 为自己树立一个真实的榜样

如果你缺乏自信心，可以为自己树立一个更为真实的榜样，不断地去激励自己，久而久之，你就可以改变自己自卑的性格。但是树立的榜样一

定要是真实存在的，例如将自己与一位真正成功的人联系在一起，这样才能揣摩他对你起影响的诸多技巧，并按照他的技巧与模式去努力。

3. 抓住一切磨炼自己的机会

西方人经常会组织或参加各种宴会或酒会，就是为了能够认识更多的朋友。同时，他们在参加宴会前都会先提前吃点儿东西，并提早到现场，因为那样他们能够认识到更多的陌生人。但是，在华人社会中，许多人在这种场合中则常会感到害羞，不但会迟到，还会尽力找认识的人进行交谈，甚至会约好友坐一桌，以免碰到陌生人会感到不好意思。因此，尽管有许多结识陌生人的机会，也会让它白白地流失，最终也不能摆脱个人自卑的性格。

在现实生活中，你一定会遇到许多可以磨炼个人意志与胆量的机会，如果你能够抓住这样的机会，一定能够有效地帮你克服性格上的弱点，弥补社交经验的种种不足。比如，一个万众瞩目的演讲机会或者是让你去参加一个大型社交宴会的机会摆在你的面前，你绝对不要去逃避。你要尽力地去做好充足的准备，只要你肯努力去做，就一定能够做好。一场精彩的演讲足能让你获得更多的自信，让你成为他人心中极为有价值的朋友，如此就可以获得更多陌生人对你的青睐。

4. 学会“角色扮演”

角色扮演主要是指你将自己当成另外的一个人，体会他在这种情况下会如何去做，然后让自己学着他的样子去尽力做好。柏拉图曾说过：“所有的事物都有一个极为完美的形式。”当然，这也只是一种理想主义的形式。几乎所有的人都不大可能达到完美的境地。但是，你要时刻按照你所期望的理想境界的要求，尽力地与陌生人交往。

当你想要与更多的陌生人交朋友，却因为自身的性格而无从下手时，就先问问自己：那些成功的生意人在这种情况下该如何去做呢？然后就将自己想象成那个优秀的人，马上着手去做，通过这样的角色扮演，久而久之，你就会彻底远离自卑了。人的魅力就是这样，它总会不断地从一个人的身上传到另一个善于学习的人身上。

5. 积极参加社交活动

事实证明，社交活动可以极大地增强人的自信心，不难看到，每个社交高手都有着极强的自信心，但是他们一开始就是这样的吗？当然不是。他们也是在诸多的社交场合中锻炼出来的，你不妨用这种极为简单的办法去甩掉自卑。

社交活动包罗万象，只要你下定决心去拓展你的人脉关系网，就应该去试一下参加舞蹈、合唱、绘画、戏剧、古董、骑马、打球、读书会、品酒等社交活动。记住，没有什么是一成不变的，关键在于你是否愿意去做，更何况，这些场合正是你展示魅力、广交朋友的大好机会。

6. 永远不要停止学习的脚步

如果你是一个忙碌的人，每天忙着迎来送往或者是交际应酬，但这并不等于你就可以放弃学习了。其实这正是你走入社会的另一个课程的起点。俗话说：活到老，学到老。人生中值得你去学习的东西有很多，只有懂得不停地给自己充电的人，才能够真正拥有个人魅力、广交朋友，成为一个成功者。

假如你见到陌生人后迟迟不敢与之交往，那你不妨先站在人潮拥挤的人群中去引吭高歌，只要坚信没有什么是可以击垮你的，只要你肯向自己的自卑心理发出挑战，那么胜利最终一定是属于你的，你的个人魅力终究可以打开别人的心扉。

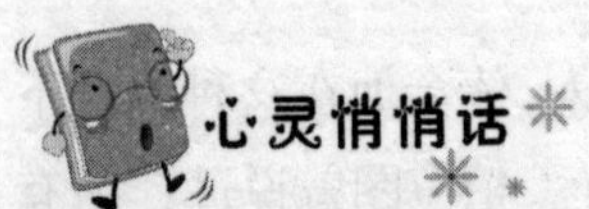

网络上流行一句经典的话："有人脉成功就像坐电梯，没人脉成功就像爬楼梯。"它一语道破了中国人心照不宣的成功规则。一个缺乏自信的人。在任何场合中都会感觉到很不自在，他总是害怕被拒绝。因此也不会主动去与别人交往，更不用说要去与别人做朋友了。

整洁清爽的外形提升你的魅力

什么是魅力？魅力就是让一个陌生人在一看见你时就能对你产生好感，并且愿意与你交谈。所以，提升个人魅力对于广交朋友是极有好处的，一位有魅力的人总是能够使自己在社交当中事半功倍。但是，整洁清爽的外在形象是一个人魅力的基础。不管你的长相如何，如果你总是穿得破破烂烂，看上去脏兮兮的，就很少会有人愿意走近你，更不愿意与你进一步的交往。

1960 年，尼克松与肯尼迪竞选美国总统，两人的竞争达到了白热化的阶段。当时，这两个人的名望与才能大体相当。但是，大多数评论员预料，尼克松将以丰富的经验击败比他缺乏电台演讲经验的肯尼迪。

但是，在最为关键的时候，尼克松却受了伤，只能躺在病床上了。在大选开始之后，艾森豪威尔曾劝尼克松不要同肯尼迪在电视上辩论，但尼克松对自己的电视演讲却极为自信。他把艾森豪威尔的告诫当成了耳旁风，也没有听从电视导演的规劝，去对自己的形象做一番设计。

肯尼迪却不同，他不仅事先进行了练习与彩排，还专门跑到海滩晒太阳，养精蓄锐。结果，当他出现在电视屏幕上时，精神焕发、满面红光、挥洒自如。而尼克松却因为频频参加活动，因此十分劳累。更为失策的是他的面部化妆用了深色的粉，因而在屏幕上显得极为疲惫。最后，正是面容与仪态上的差异与对比，肯尼迪出人意料地取胜。

在人际交往的过程中，人们发自内心的好恶亲疏的表现，往往取决于与对方见面之初时对方的形象仪容。每个人都有先入为主的感觉，如果你在最初与对方交往时仪容或形象不好，就一定会影响你在对方心中的印象。

那么,在与陌生人交往前,如何才能让自己拥有一个整洁的外在形象呢?

1. 整洁大方的发型

在现代社会,随着人们审美能力的不断提高,发型的变化也越来越多。但事实上,发型本身也是无所谓美丑的,你的发型只要与个人的脸型、肤色、体形相匹配,与自身的气质、职业、身份相吻合,就能够使人对你产生好感。但是,不管你留什么样的发型,最基本的一点就是要保持头发的干净与整齐。干净与整齐的发型会给人留下神清气爽的印象,所以,男士哪怕只是理一个平头,女士只留一头披肩发,但只要是整洁的,就会给人留下极好的印象。

总之,无论选择哪种发型,刘海最好都不要遮住眼睛。盘发或束发时,发饰要选择和服装颜色相协调的颜色,款式则要简洁、大方。

要注意的是,当你参加一些正式的社交场合或与陌生人见面谈生意时,最好不要将头发染得太过华丽,一般情况下,染发时可以选择棕色、栗色、酒红色等颜色。而金黄色与火红色则不太符合东方人的审美观,还是不选为妙。对于男士而言,除了黑色外,最好不要用其他颜色。

2. 让你的面部成为体现你魅力的“招牌”

与陌生人交往时,对方首先看的部位就是你的面部,面部是人体暴露在外时间最长的部位,也是一个人的“招牌”。所以,在交际场合,你要格外注意你的这张“招牌”。

一般情况下,男士一定要养成每天修面剃须的好习惯。胡子拉碴地去与陌生人见面,是对他人不敬的表现,是十分失礼的行为。

而对于女士来说,要想使对方一眼就对你产生好感,化妆就显得十分重要了。女性的皮肤细腻,最适合化淡妆,淡妆的主要风格是真实、自然,这样才能让对方对你产生亲切感。切忌浓妆艳抹,以免让人对你产生华而不实之感。

此外,无论男女,牙齿的清洁都是极为重要的。因为白净的牙齿是外表整洁的第一表象,会为你增添几分意想不到的个人魅力。在与陌生人交往时,你如果是满口黄牙,不仅会降低你的自信心,也会让对方感到你很

粗鲁。

3. 注重手部的清洁

手可以称为人的第二张脸，你在结交朋友时，常会与别人握手。但是如果你伸出的是一双脏兮兮的手，会让人生厌。所以，为了表现出对他人的尊重，注意手的清洁卫生是十分必要的。为此，应当在平时就养成勤洗手的习惯，并时常使用护手霜来养护你手部的肌肤。

另外，指甲的清洁也是极为重要的。因为，你的指甲是否整洁能够直接反映出一个人的生活态度以及对日常礼仪的重视程度。干净、漂亮的指甲给人以轻松、舒适的感受，长而脏的指甲则会真实地反映出你平时邋遢的个性，进而直接影响到你在对方心目中的形象，甚至影响你们以后的交往和发展。

4. 适合自己的服饰

著名的人类行为学家迈克·阿盖尔在连续数天的同一时间以不同的装扮出现在同一个地点，与别人进行交往，产生的结果却是截然不同的：当他身着西服，并以绅士模样出现时，大多数人都会对他彬彬有礼；而当他穿得破破烂烂、扮成无业游民的样子时，多数人都不会理睬他。

迈克·阿盖尔的实验证明了在社交场合中服饰的重要性。在社交场合或单独与陌生人见面时，如果你所穿的服饰与你所处的环境显得格格不入，则会给别人留下一种不伦不类的印象。如果你很注意自身的服饰搭配，就会使对方对你刮目相看。

一般情况下，个人的服饰穿戴要与场合、条件、时节等相符合，具体要注意以下几点。

(1)选择服饰要分场合

在不同的环境、场合，应该有不同的服饰穿戴。比如，在正式的社交场合，应穿着端庄典雅的职业装；在朋友聚会的场合，应穿出自己的个性；出席一些热闹的场合，可以穿上较为艳丽的衣装。在与陌生人单独见面时，也应该分清场合，看你与对方是在什么样的场合下相见，然后选择较为合适的服饰。

(2)选择服饰要符合自身条件

在选择服饰时，一定要结合自身的体型、肤色等特点，这样才能达到扬长避短、扬美避丑的目的。比如，身材矮小者适宜穿着造型简洁、色彩明快、小图案的服饰；肤色偏黄或偏黑者，最好不要穿与自己肤色相近或者是颜色较暗的衣服，如棕色、土黄、深灰、蓝紫色等，它们容易隐藏人的生机和活力。

(3)服饰的选择要符合时节

穿衣也要考虑当下的季节，比较理想的穿戴不仅要考虑到服饰的保暖性与透气性，在其色彩的选择上也应该注意与季节相适宜。比如春秋季节适合穿中浅色调的服饰，如鸵色、棕色、浅灰色等；冬天的服饰色彩主要以偏深色为宜，如咖啡色、藏青色、深褐色等；夏季可以选择一些丝棉织物，色调以淡雅为宜。

5.清除身上的异味

做好以上几点后，还要注意身上的异味，比如口臭、腋臭、烟味、酒味、鞋臭味等，这是影响你外在形象的重要因素，如果你身上有异味，会使你看起来肮脏、邋遢，给人不舒服的感觉。

总之，不管你有什么样的外貌，也一定要注意自身的外在形象，这是你与陌生人交流时，对对方最起码的尊重。只要做到了这一点，就可以提升你的魅力，让人第一眼就对你产生好感。

干净整洁的外表不仅能够提升自己的魅力，还能让陌生人第一眼就对你产生好感，而且也体现出你对他人的尊重。穿着得体犹如一支美丽动人的乐曲，一首由关系密切、却相映成趣的乐章所组成的交响曲。基调贯穿全曲，使得每一乐章都特点鲜明，却又一脉相承。如果你想成为自己圈子里的明星，就得用心去塑造你的形象。它会使你在任何社交场合都能轻松自信、游刃有余。

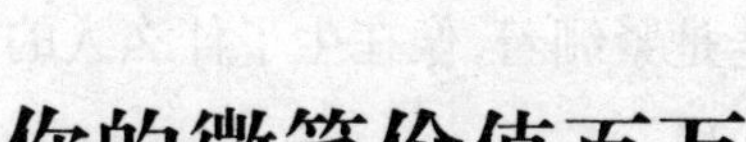

你的微笑价值百万

微笑是种奇怪的电波

微笑是人际交往的第一份见面礼。越是成功的人物，他们越是注意微笑的效应。美国钢铁大王卡内基说:“微笑是一种奇怪的电波，它会使别人在不知不觉中同意你。你的成功与失败，是跟微笑有绝大关系的!”

有一次，在一个盛大的宴会上，有一个平日对卡内基很有意见的钢铁商人在背地里大肆抨击他，说了他许许多多的坏话，当卡内基到达并且站在人群中听他的高谈阔论的时候，他还不知道，仍旧滔滔不绝地述说卡内基的不是。

这使得主人感到非常的尴尬，他更怕卡内基会忍耐不住，当面反驳并指责对方，使这个欢乐的场面变成舌战的阵地，但卡内基却一直很安静地站在那里，脸上挂着微笑。等到那个抨击他的人发现他站在那里时，反而感到非常难堪，满面通红地闭上了嘴，正想从人群中钻出去，卡内基的脸上仍然堆着笑容，走上前去亲热地跟他握手，好像完全没有听到他在说自己的坏话似的。那个抨击他的人脸孔顿时一阵红一阵白，尴尬异常。卡内基给他递上一杯酒，使他有机会掩饰自己的窘态。

第二天，那个抨击卡内基的人亲自到卡内基的家里，再三向他致歉。从此他变成卡内基的好朋友，常常称赞卡内基，认为他是个了不起的大人物。使得更多的人都知道卡内基的笑容永远是那么和蔼，那么安详。

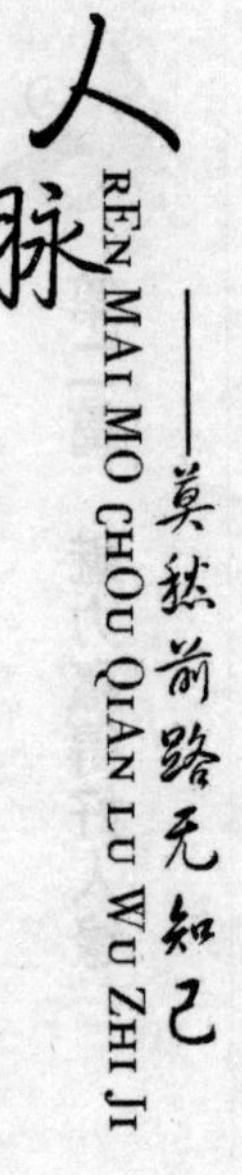

这是微笑的连锁反应。

著名的心理学家亚德洛在他的名著《生活对你的意义》中说:“你可能没有留意到,在这个紧张异常的商业社会里,人们因为心情紧张与生活紧张,使得他们的脸孔老是紧绷着,像在生了什么人的气似的——他们不懂得微笑,更不懂得放松!”

请注意你的面部的笑容吧！要是你脸上经常堆着笑容,人们便会觉得你容易相处,敢于对你说出心中的话,敢于对你说出新的建议,敢于批评你在生活中或工作中的过失。这样,你才能够获得进步,才能够获得更大的财富!

英国首相丘吉尔的脾气很不好,常常开罪别人。有好些场合,为了显示自己的才能,使得别人十分难堪。有一次,一个法国记者访问他,无意中说了句使他不大高兴的话,他马上变了脸,把那个法国记者奚落一番,使那记者面红耳赤地走开了。那记者随即在通讯里把他形容为一个不可理喻的野蛮人!

但丘吉尔却很善于利用脸上的笑容。他的脸孔时时都是这样松弛,露出一种自然的微笑,特别是他在吸雪茄的时候,那种笑容更为可掬。心理学家波尔博士说:“丘吉尔的笑容是一种武器,它使敌人无法捉摸他的思想,使敌人在迷茫的情况下成了他的俘虏!”

现在我们要问,为什么善于微笑,竟会在商场上打胜仗,竟会替自己带来一笔财富呢?

因为现代商业社会,人们习惯于紧张,终日在紧张中生活,他们的脸孔在不知不觉中抽紧了,显得死板板、毫无生气！假如你站在戏院门口,留意观察一下那些在业余时间到戏院看戏的人们。本来到娱乐场所去,脸孔便应该松弛,露出自然的微笑！不过,根据观察的结果,在100人之中,至少有85人以上,他们的脸孔是那样绷得死板板的!

请想想,假如你看到自然、真诚的笑容,你心里是否感到十分舒服呢?

用微笑融化对方的心

在面对陌生人时,同样也应该学会微笑,这样才能够迅速地拉近彼此之间的距离,在第一时间融化对方的心。

微笑是无声的音乐,能够为你传递美好的情感。试想,如果一个陌生人对你露出甜甜的微笑,你的心中是否也是惬意无比呢?是否会认为对方是值得信赖的人呢?答案是肯定的。

江珊是一家公关公司的经理秘书。有一次,公司的客户到公司洽谈业务。公司负责人因为临时有事出去了。所以,江珊只能先让客户在接待室稍等一下。等江珊忙着要泡茶时,才发现没有茶叶了,所以,江珊就向客户致歉说,她打电话让人送些茶叶过来,让客户稍等一下。

但是,茶叶送过来后,江珊当时也不在场,所以,就把给客户泡茶的事情忘记了。大约半个小时后,与客户洽谈业务的负责人回来了,江珊才想起泡茶的事情来。于是。她就赶快泡茶叶,微笑着对客户说:"实在对不起,由于我的疏忽,让你们久等了。"

但是,客户看起来却一脸怒色,显然是对江珊疏于招待他而气愤。事后,为弥补自己的过失,江珊不断地往客户接待室跑,每次去都会面带微笑地询问客户是否还需要其他的服务。但是,客户对江珊却爱答不理。江珊想,一会儿与负责人洽谈业务时,一定要受到投诉了,这个月的奖金司能要被扣了。

谁知,在客户谈完业务要离开公司时,江珊为了再一次表达自己的歉意,就对客户说:"招待不周的地方,请多多谅解。"公司客户却说:"你刚开始的表现确实不好,不过,你脸上时刻露出的微笑确实让我们感动了。"

听到这话,江珊激动地笑了。她这才明白,为什么在前期培训时,老板一直强调要保持微笑。

由此可见，在人际交往中，微笑具有多么大的力量！江珊的微笑让客户感到了她的诚意，最终消除了怒气，对江珊产生了良好的印象。关于微笑，美国密西根大学心理学教授麦克尼尔博士曾经发表过这样的看法：**"面带微笑的人，比起紧绷着脸孔的人，在经营、教育方面，更容易获得好的效果。微笑比绷紧的脸孔，藏有更丰富的情感。"**所以说，面对陌生人，必须学会微笑，这样，对方会立刻感受到你的友善，从而对你产生好感。

当然了，对于一些长期都表现得极为严肃和冷淡的人，立刻让其对陌生人绽露出微笑是不太现实的。但是，在平时的生活中可以通过学习锻炼，让自己的脸上时常都挂满微笑。具体的做法有以下几点。

1. 早晨面对镜子微笑

这个方法是极为简单的，就是在你每天早晨起床之后，面对镜子露出一个微笑。久而久之，微笑就会成为你的生活习惯，见到陌生人时就自然会流露出甜美的笑容。

晓雷在证券公司工作，平时总是不苟言笑。尽管在单位待了几年了，却与同事谈不来，特别是新来的同事，更是不愿意与他接近。

晓雷有时候也觉得自己太呆板了，他也想与周围更多的人交朋友。但自己的性格让他有些力不从心。后来，他就下定决心改变自己。

一天清晨起床后，他在刷牙的时候从镜子中看到自己绷得紧紧的面孔，深沉阴森得像木乃伊一样，心中便开始不安起来，就自言自语地说："这张如此古板的面孔谁看了愿意接近呢！"于是，他舒展了一下脸。自言自语道："从今天起你必须把自己这张深沉得像雷公似的面孔舒展开，换成一张充满微笑的面孔，从这一刻就要开始。"

妻子也发现他像变了个人似的，整天总是乐呵呵的。他每天起床后总是会面对镜子微笑，到了办公室。每天还主动微笑着向公司里的同事们问好。周围的同事也慢慢地接纳了他，并且十分愿意与他交往。

渐渐地，晓雷发现，自己的生活开始变得丰富多彩起来。因为，他发现每个人见到他时，都向他投来微笑。就连晓雷的助手也对他说："我初来这间办公室时，认为你是一个脾气古怪的人，而最近一段时间以来，我的看法已彻底地改变了，你越来越富有人情味了。这让我感到工作很快乐，不再

像过去那样总是提心吊胆了！”

就这样，晓雷结交了越来越多的朋友。

2. 时刻给自己一个微笑

人的情绪有时不免会低落，这时，你要提醒自己微笑一下。当你在人际交往中遇到阻碍时，要给周围的人们一个微笑；如果今天是去见一位陌生人，更要带着微笑出门。这样不仅能够缓解你内心的焦虑，更能使你获得好的人缘。

3. 寻找榜样，学习微笑的方法

如果说从小到大，由于各种各样的原因，你没能养成微笑的习惯。所以，在与陌生人交往时，也不知道如何去微笑，或者别人看到你不自然的微笑后会变得难受，这时，你不妨寻找学习的榜样，从他们的身上学习如何微笑。在你的周围，总会有朋友、同事或者长辈的微笑让你感到亲切和舒服，所以，你就应该主动放下架子，向他们学习，将他们当成榜样去激励自己。

总之，在所有的交际语言中，微笑是最富有感染力的，也是人际交往中放之四海而皆准的“高招”。尤其是在面对陌生人时，你不经意的一个轻松的微笑，就能够拉近你们的距离，消除对方的戒心，让你们迅速成为朋友。所以，要想扩大你的人脉关系网，就要时常将微笑挂在脸上，让它成为你人际交往的通行证，使你成为最受欢迎的人！

西方有句著名的格言：“你的微笑价值百万！”这话一点也不夸张，它足以说明一张笑脸对于人际交往、个人事业来说是多么的重要。因为微笑是一种宽容、一种接纳，它缩短了彼此间的距离，使人与人之间心心相通。喜欢微笑着面对他人的人，往往更容易打开别人的心扉。

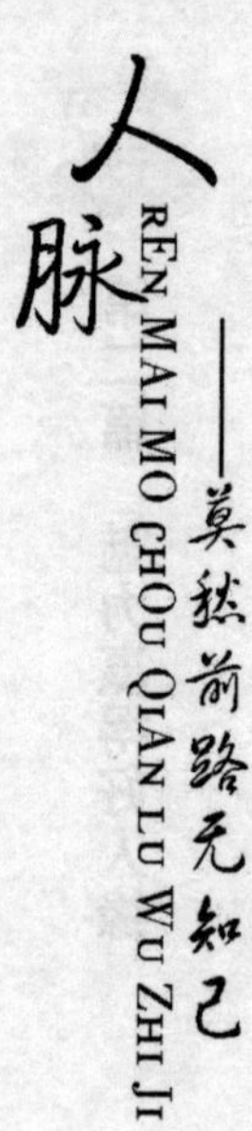

用文化滋润你的形象

用知识为你的修养做后盾

我们大家都认可的一个真理就是:有知识底蕴的人和没有文化修养的人是完全不同的。所谓的不同,不仅是品位、谈吐、举止上的不同,更重要的是气质上的不同。

优雅的气质源自良好的修养,而良好修养又通常得益于知识文化上的熏陶。古人说:“腹有诗书气自华。”知识能够使生命进入更深刻的内层,使心灵放出奕奕神采,从而使人的气质和风度凸显出来。因此,那些拥有高贵气质的人都是知书达理,文化层次较高的人。我们不得不承认,一个人的气质会左右别人对你的看法,直接影响到沟通的效果。一个谈吐不凡、举止优雅的绅士所说出的话一定比那些语言粗俗、行为粗鲁的人有分量的多。且知识底蕴越深厚的人,内在的气质也就越高贵,越有魅力。

知识可以塑造优雅高贵的气质。但是知识的获取途径却有很多种,最为普通而有效的方式就是读书。虽说读书可以改变人的气质,但是,事实却证明,很多读书人并没有培养出高贵的气质,徒有一脑子的知识却不知道如何运用,不知道灵活变通,以至于成为知识的“囚徒”。这种读死书、死读书的做法当然违背了读书的本来意愿。西汉刘向曾云:“书犹药也,善读书可以医愚。”何谓“善读书”?就是懂得择书而读,灵活变通,取其精华变为自身的知识。

读书可以改变一个人的形象,知识是沟通中最有利的武装。

三国时期东吴名将吕蒙以胆气著称，但是他却有勇无谋，没有什么学识，鲁肃见到他也认为他没有什么可取的地方，很是瞧不起他。一次，东吴郡主孙权开导吕蒙和另外一名将领："你如今身居要职，掌管国事，应当多读书使自己不断进步。"但是吕蒙却推托说："军营中的事务繁多，我恐怕是没有时间读书了。"孙权耐心地指出："我难道要你们去钻研经书做博士吗？只不过是让你们多浏览些书，了解历史往事，增加些见识罢了。你们说，有谁的事务能有我多呢？我年轻时就读过《诗经》《尚书》《礼记》《左传》《国语》。自我执政以来，又仔细研究了三史及各家的兵法，觉得自己大有收益。你们天资聪慧，学习后一定受益匪浅。"

自此后，吕蒙就开始学习，他拥有的学识连一些老儒生也赶不上。当鲁肃再次见到吕蒙时，仍以老眼光看他。但在酒宴上，两人纵论天下之事时，吕蒙的真知灼见让鲁肃非常震惊。酒宴过后，鲁肃还非常感激地接纳了吕蒙的一些方案。

可见，没有渊博的学识就无法做到"以理服人"，也就大大地影响到人与人的沟通。底蕴深厚的人就可以旁征博引、引经据典、妙语连珠、舌灿莲花，发表出一些真知灼见，让人心服口服。很多人心中很有想法，但是却不知道如何表达，不知道如何与人沟通、交流，这正是因为肚中学识不够，找不到合适的表达方法的缘故。

唐文宗年间，有个身挂太学博士头衔的著名的诗人叫李涉，有一次，他途经九江遇到强盗拦劫，李涉手无寸铁，眼看就要被擒。面对强悍的绿林大盗，李涉机智地张口吟出一首七绝："春雨潇潇江上村，绿林豪客夜知闻。他时不用相回避，世上如今半是君。"强盗们听后大喜，于是对他以礼相待，说愿将其放回，只求能把诗留下。

俗话说："秀才见了兵，有理说不清。"何况李涉面对的是与官家为仇的绿林大盗，一语不慎就会招致杀身之祸。但是，"秀才"是读死书、不会灵活变通的迂腐之人，李涉却是一个机智灵活的智者，他准确把握了对方的心理：第一，作为绿林好汉，重的是义气，因此李涉首先尊重他们，称他们为"豪客"，并在诗中表示愿意与他们为友，无论何时相见都可以亲密交往，不

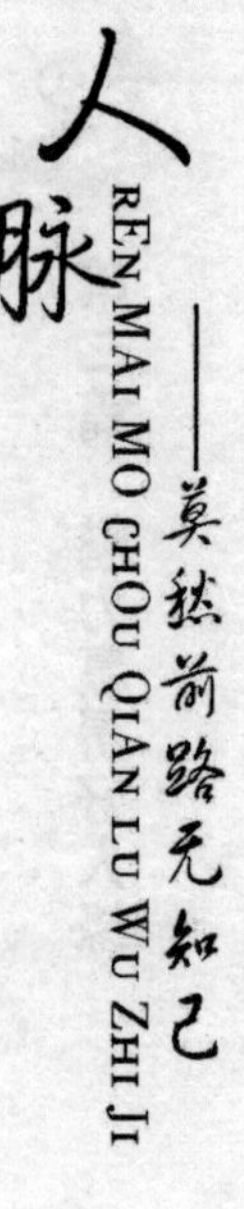

用“回避”，这就使得这些好汉不好再与他为敌。第二，作为强盗，忌的是一个“贼”字，李涉却用“客”“君”字眼相称，并且把他们粗暴的拦劫行为说成是“夜知闻”后的善意相访，这就使得强盗不能再与他为敌。第三，作为著名的诗人，他以诗作答，显示了自己的身份，以自己的名声影响强盗们的心理，又在诗中肯定了这些人在世上的地位，提高了他们的身价，如此做法就借机满足了这些强盗的虚荣心，使他们不能不以礼相待。这些常被人们歧视的人竟得到如此的尊重。又怎么会加害于他呢？

李涉准确地把握了对方的种种心理，通过用词巧妙的一首诗就使自己转危为安。如果他不是有着深厚的知识底蕴又如何能机动灵便呢？正是凭借着知识的力量，李涉才拥有如此出众的能力，迅速地让对方对自己产生好感。

由此，我们必须注意加强自身的知识含量，有知识底蕴为依托可以使我们变得更有内涵，更有气质，从而提升自身的形象，而知识底蕴深厚直接影响到沟通的有效性，树立自己在对方心中的良好形象。

恰到好处的优雅

拥有优雅的举止是一个人魅力的重要体现。在与陌生人选行交往时，如果你的一举一动都能够做到恰到好处、风度翩翩，就定能让对方眼前一亮。为接下来的交流铺平道路。

一般情况下，优雅的举止要注意以下几个方面。

1. 手部的动作

手部动作是身体语言中最为重要的一点，在与陌生人交谈前一定要知晓其中的礼仪规矩，避免给别人留下不好的印象。

怎样做才能让手部的诸多动作优雅得体呢？

著名的礼仪专家黄纳新说：“错误的手部动作，会给对方造成一些误解，会影响你与对方的进一步交往。比如你向对方说明一份文件，绝大多

数的人都习惯以手背向上的姿势来指引对方，但是这并不是一个好的手势，因为这样做只会让对方在潜意识中认为你对他有所隐瞒。所以，用手掌朝上的手势对对方作出引导才是正确的。而如果向对方指出小的东西或细微之处，就用食指指出，且亦手掌朝上较好。”

除此之外，手部动作还有许多，比如需要向对方指路时，需要手心朝上，手臂伸开，并且嘴里要说：“请这边走。”如果是指远处，就说：“在那一边。”

与对方见面后，如果是与对方隔桌相对，双手一定要保持正确得当的位置和姿势。标准的姿势是将手轻轻置于面前的桌上，或交叠放于膝上，除了必要的手势之外，其他任何小动作都是不应该有的。比如，你不停地用手指摆弄名片，或摆弄眼前的茶杯、钥匙、打火机等物品，更不要用手摸脖子、鼻子、头发，揪耳朵、摸下巴等，这样做会显得你心不在焉，让对方觉得你不够重视他，并且不利于你们进行下一步的交流。

在坐下之前，切忌用手指乱弹座位上不存在的灰尘，这样的动作会显出你没有教养，有时候还会让对方产生反感的情绪甚至恼火。

2. 坐有坐相

在与对方交流的过程中，保持良好的坐姿是十分有必要的。坐下时注意腰、背要挺直，否则弓腰驼背会显得十分懒散，背部也切忌贴近椅背上，身体应稍微前倾一些。

在坐的时候，女性的双腿应该并拢，而男性则要将膝盖张开约一个拳头的距离，若是大张着两条腿，会显得很不礼貌。此外，跷二郎腿、乱抖脚尖也不是一个好习惯。这样不仅使别人认为你不懂礼貌、没有教养，还显得你没有诚意、态度不严肃。

3. 注意与对方保持适当的距离

在与陌生人交谈时，如果双方都是站着的，你们之间应保持彼此伸出胳臂就能碰触的距离即可。如果对方坐着而你站着，就要保持双方都站立时接近约半只手臂的距离。而如果双方都坐着并且中间没有桌子的话，可以接近至大约一只手臂的距离。

此外，在结束谈话后，要起至接近对方至彼此脸部的距离约 50 厘米的地方，并且一定要看着对方的眼睛说话，以示对对方的尊重。

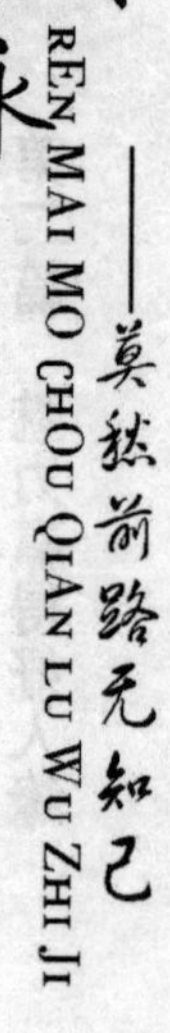

4. 接名片的礼仪

在与陌生人交谈时，如果对方向你递出名片，你在接收名片的过程中，也要注意其中的礼仪。在接名片时，一般都要伸出双手，以示礼貌。

在接过名片后，切忌将名片随手放在桌上，或者随手塞进口袋里，要将名片端庄地放在自己的名片夹内。如果没带名片夹，最好将之放入上衣口袋内，切忌放入裤子的口袋内。

在与人交往时，每个人都喜欢举止优雅的绅士、淑女，而排斥动作粗鲁的俗人。那些受人欢迎的交际高手无不是举止优雅、风度翩翩之辈。为此，你要想在短时间内走进对方的内心，最好要注意自己举手投足间的种种细节。

有知识底蕴的人，即使衣着褴褛仍旧会散发出高贵的气质，没有文化修养的人即使穿金戴银依然让人觉得俗不可耐。正是如此，文学作品中所描写的那些“暴发户”们总是穿戴得非常华丽，用外表上的吸引力来掩饰自己知识底蕴的欠缺。这恰恰是内心胆怯、没有自信的表现。

它们比语言更有震撼力

用拥抱传递你的力量

有心理学家说："拥抱是一种身体语言，拥抱是心灵上的沟通。"拥抱是人与人之间最重要的沟通方式，它能传达爱意，使人得到慰藉、受到鼓舞、获得力量。

医学研究证明，拥抱具有神奇的力量。拥抱可以消除沮丧，能使体内免疫系统的效能上升；拥抱能为倦怠的躯体注入新生命，使你变得更年轻，更有活力。和孩子在一起，我们会发现，他们十分需要拥抱，抱住大人是孩子们寻求安全最本能的方式。可见，拥抱是人的一种本能需求。

西方人认为，拥抱是人最基本的需求之一，也是最人性的需求之一。拥抱传达出的信息是爱意，这种非语言信息传达出的这层意思能够以最直接和热烈的方式传达给对方，且不限于同性或者异性。而东方人在表达感情方面就非常"节俭"，常常羞于表达，常借口和人"心照不宣"。而长期"不宣"的结果就是，渐渐失去表达、交流情感的能力，越来越孤独，也越来越冷淡，集体患上"情感不表达症"。心理学家说："身体语言，是人与人之间最重要的沟通方式，拥抱是身体的本能需要。"而我们的身体失语已经多年。失语的身体让我们失去了很多明媚的"春天"，为什么不可以给爱一个形式？

沟通有很多种方式，但是拥抱却是一种很好、很有效的沟通方式。

这是因为，恋人、夫妻之间的相处，拥抱远比接吻和做爱更具有心灵交融的意蕴,也更具有情感本身的价值。同时,拥抱还是爱情、婚姻之中最具疗伤功能的身体语言,甚至可能是最具身心合一特征的情感语言。有人曾问一对情深意笃的夫妇:“什么情况下最让你们有相爱的感觉?”他们回答说,是双方抱头痛哭的时候——还是拥抱!因此,恋爱、婚姻中的人可以多增加一些拥抱的机会,创造并增加恋人、夫妻的幸福感,这不仅是身体上的接触,更是情感上的沟通,是爱的交流。

但是拥抱在中国是有很大的局限的,要分场合和人物,一般限于比较熟悉的朋友或者亲人之间。如果对方对于拥抱是持排斥态度的,那么你最好还是不要尝试,否则会让双方比较尴尬。

美国人贾森·亨特在母亲的葬礼上得到了灵感,开创了“真情拥抱”的“抱抱团”活动。他做了个写着“真情拥抱”的纸牌走上家乡的大街,第一个与他“真情拥抱”的人是一个路过的姑娘,她停了下来,看了看纸板,毫不犹豫地向亨特张开了双臂。从这一天起,“FREEHUGS”这个关于爱和分享的运动开始在全美国蔓延。

2007年,一位名叫Iuan Mann的澳洲男子在悉尼闹市街头手举“自由拥抱”的牌子将这项运动推向了全球化的网络世界,让大家体验拥抱带来的快乐和温暖的感觉。大多数时候我们是为了免于受到伤害,所以选择保持距离,但是这项运动却借此更大力、更诚挚的拥抱,得到的温暖和理解应该远多于疏远带来的误解和伤害。对此,参加过“FREEHUGS”的一名成员说:“这是让大家笑容绽开的一种方式。因为只要有一个人跟我拥抱,就会使从旁经过的每个路人微笑。”

相拥相亲,实乃人的本性,是一种极其自然的生理和心理需要。既然我们希冀可以从陌生人那里得到爱意,为何我们不撕下含蓄和羞怯的面纱,习惯于亲人之间的拥抱呢?

眼神中的情感交流

目光接触,是人际间最能传神的非言语交往。“眉目传情”“暗送秋

波"等成语形象说明了目光在人们情感的交流中的重要作用。眼睛传递出的非语言信息往往是很微妙的，眼神信息最重要的一个方面就是眼神接触。

在美国文化中，迎合他人的眼神是诚实、可靠、温暖以及参与的信号。在许多文化中，没有眼神接触的交谈被认为是粗鲁的，表示缺乏兴趣、不予关注或者揭示了害羞或者欺骗。

仅仅一双眼睛就透露出许多信息，"邪恶的眼睛""睡眼惺忪的眼睛""悲伤的眼睛""有穿透力的眼睛"。当你同意对方的时候，你们会"双目对视"；当你认为某人因为谋杀或者其他原因应该被判处死刑时，你会"不屑一顾"。当你考虑到眼神信息的作用时，就会迅速意识到它们的重要性。尽管眼睛所传达出的这些非言语信号受到较少的关注，但是非洲有句名言说："眼睛是侵略手段"，许多亚太地区的岛民都同意这一说法。在大多数非洲国家和世界的其他地方认为，如果一个人的地位比你高，你就不应该看他(她)的眼睛。

眼睛是心灵的窗户，你的内心情感都可以通过眼睛传达出来，而眼神所传达出的信息会影响到沟通的效果。全美最优秀的教师罗恩·克拉克在《优秀是教出来的》一书中说："用眼睛和他人沟通。有人对你说话时，眼睛要注视着他；有人发表意见时，你的身体和脸要正对着他。用眼睛盯着一件东西看，这对有些人来说有点困难。但是，如果你正在努力赢得人们的好感，并且想表示你所说的话很认真，这就显得很重要了。例如，当你走进老板的办公室要求他给你提升时，如果你的眼睛紧盯着他，而不是低着头，那么他会更为认真地考虑你的请求。当你在单位陈述你的一份商业计划时，如果你用自信的眼神看着周围的人，那么大家就会更加信任你并认可你的计划……"自信的眼神让人对你产生信任，真诚的眼神让人对你产生好感。

日常生活中，人们经常会为在与别人交谈时不知道该如何与对方进行正确的目光交流而苦恼。德国弗赖堡的人际交往专家伊丽莎白·多纳奥指出了正确的目光交流方式，他说："在交谈过程中，与对方的目光交流不可避免。正确的目光交流方式有助于谈话的顺利进行，但怎样才能做到呢？在交谈中，凝视对方的双眼是最不正确的做法。这样做会使对方感到很不舒服并且感觉受到挑衅。正确的做法是首先看着对方的眼睛，随后把视线缓慢移到嘴部，过一段时间后再返回到眼部。这样会使对方有机会对你所说的话作出适当的反应，点头、微笑等带有好感的表情就会自然而然地表露出来，并且也会让对方觉得与你进行交谈很惬意。”

另外多纳奥强调：**“交谈时切不可将目光转向地面或天花板，也不可将视线停在对方身体上的任何一个部位，这些都是对对方不礼貌的表现。”**

因此，在两人沟通的过程中，听者应当在对方说话时看着对方，表示关注；当自己变成说者发表言论的时候不宜再迎视对方的目光，除非两人关系已密切到了可直接“以目传情”。当你说完最后一句话时，才应当将目光移到对方的眼睛上，这是在表示一种询问“你认为我的话对吗”或者暗示对方“现在该轮到你讲了”。这一点，在国家领导人的外交会晤中就得到体现和验证了，这就是对话沟通中眼神的运用技巧。

当然，在人们交往或销售的过程中，彼此之间的注视还因人的地位和自信而异。推销学家在一次实验中，让两个互不相识的女大学生共同讨论问题。事先，这位推销学家对其中一个人说，她的交谈对象是个研究生，同时却告知另一个人说，她的交谈对象是个高考多次落榜的中学生。观察结果，自以为自己地位高的女学生，在听和说的过程都充满自信地不住地凝视对方，而自以为地位低的女学生说话就很少注视对方。在日常生活中能观察到，往往主动者更多地注视对方，而被动者较少迎视对方的目光。

交流时的眼神是谈话的重要组成部分，如果目光散乱，无论你的用词是多么讲究，都会给人留下不自信或没有诚意的印象。前任中国驻法国大使、曾任外交学院院长的吴建民先生，提到过一个关于目光交流的小事例。有一次他去拜会某个国家的议员，会谈完毕，那位议员说：**“我们能够成为好朋友。因为一看你的眼神，我就知道你很真诚。”**有时候，一个眼神胜过很多话语。

正是因为这种原因，克拉克说：“我花了很长时间训练我的学生用眼睛来与人沟通。为了让他们有更多的实践机会，我把他们每两个人分成一组，然后告诉他们，当你发表演说时，眼睛要注视着对方，语气里要带有更多地强调成分、加入更多的感情色彩。如果这时你的眼睛看着别处或盯着地板，那就说明你对自己所说的话并不确信，或者你说的可能根本就不是

事实。我还告诉他们，我听说如果眼睛不停地往左上方瞟的话，就说明你正在撒谎。我经常训练他们两个人一组互相对话，让他们逐渐意识到，用眼睛看着对方说话是非常有效的。”克拉克的训练方法不仅适用于学生间的沟通交流，对于那些还不懂得运用眼神来提升自己信心的人来说，这确实是一个值得尝试和学习的方法。

目光的接触和眼神的交流在沟通中还有另外一层意义。每个人都应该有这么一种经历，我们应当都还记得自己上学时的情形，只要我们用眼睛盯着老师，就根本走不了神。但是，如果我们盯着我们前边同学的后脑勺或自己的铅笔，那就很容易走神了，但是只要一看着老师，我们马上就能回过神来。这就是目光接触的意义所在，它能够使你更注意倾听对方的话，这样不仅有利于沟通的进行，更是对别人的尊重。否则，在交流沟通的过程中，你很可能不知道对方究竟说了些什么，因为你已经开小差了。

反过来说，当对方在沟通过程中没有把精力放在这上面，我们可以用一些特殊的技巧来吸引对方的注意，迫使对方凝视你。这样，就可以让对方跟着你的思路走下去。

也正因为如此，我们得出了这么一个结论：**“无论我们和周围的人用什么方式交流，也不管我们表达的内容是什么，我们肯定会对那些用眼神和我们沟通的人给予更多的关注和回应。”**眼神构成了彼此的交流。

拥抱就是具有如此神奇的魔力，可以化解人与人之间的一切不愉快，可以拉近人与人之间的距离，让人深切地感觉到对方的真诚和爱意。拥抱所传达出的情感胜过言语，巧妙地把拥抱运用在合适的场合中，将会使沟通水到渠成。

第三篇

黄金有价　人脉无价

财富不是终身的朋友,朋友才是毕生的财富。拥有"朋友财富"的人,就一定会生活在与朋友和谐相处、得到朋友真诚帮助的快乐氛围里。

人们常说,多个朋友多条路。君子周而不比,小人比而不周，一辈子连一个真心朋友都没有的人生必定苍白,能与一批优秀的人交朋友,是上帝对你的偏爱。没有友情甚至亲情牵挂的人,心境必定漂泊。

会倾听是一门学问

先倾听再发言

有人说：**沉默是金，其实并不是说沉默本身如何珍贵，如果只是呆呆地作若有所思状，对别人的说话、动作没有任何反应，并不是“金”，反而会被人认为是冷漠或高傲**。真正令人“闪闪发光”的沉默就是积极的倾听，要尽可能地与对方产生共鸣。美国的艺术家安迪渥荷曾经告诉他的朋友说：“我自从学会闭上嘴巴后，获得了更多的威望和影响力。”

可见，倾诉和倾听是相互的。每个人都有向他人倾诉自己内心世界的愿望，通过倾诉，可以使自己的心理压力得到释放，可以使自己的心灵得到极大的安慰。倾听则是探知他人内心世界的一把钥匙，是获得朋友信任、拓展人脉的一种手段。

一位外交官的太太曾细述她丈夫初入外交界，带她出去应酬时的情形。她说：“在那些场合真是活受罪。因为我本身是个小地方的人，而满屋子都是当时的社会精英人物，他们不但口才奇佳，而且大多也都周游过世界的很多地方。”

一次宴会上，她终于向一位还算熟悉的外交家吐露了自己的问题。这位外交家笑呵呵地对她说：“其实，每个人说话都要有人来听。因而，善于聆听的人在宴会中同样受欢迎，而且这也是一项难能可贵的品质。”

从上面这个例子可以看出，少发言，多听别人说话，同样是一门可以给自己带来好处的学问，也值得你去研究一下。聆听也能促进你思考能力的提高，更能让你认识到每一个人的内心世界。倾听，如此好处多多，何乐而不为呢？

当然，倾听不是简单地竖起耳朵听，倾听是要用心去听。**善于倾听是一种美德，是理解、是尊重、是接纳、是期待、是分担、是共享快乐，因此倾听的意义远不止是仅仅给了别人一个表达的机会。**倾听的实质是放下倾听者的架子，用温暖的笑脸去面对说话者，加强彼此的沟通和交流，获得对方的喜欢与信任，从而走进对方的心灵。

生活中，在很多人的印象里，他们认为听是一种被动的行为，如果他们不参与到谈话中去，可能还会有一种莫名其妙的失落感。其实，倾听并不是一种消极的行为，它是一种积极的行为。倾听者对于交谈的投入绝不亚于说话者。人们不能真正去听的原因是如果他们这样做了，他们就不得不受外界新信息的影响，他们必须面对别人对世界的看法。在这些新知识和新感悟的基础上，他们就必须改变他们自己的观点和已经形成的看法。而对很多人而言，他们是不愿意改变他们一直以来的思维方式的。他们认为回到自己驾轻就熟的东西总比去实验新的东西要安全稳当得多。但是，我们如果不能去听懂他人，我们是不可能进步的。

良好的沟通也需要有良好的获取信息的能力，也需要有娴熟地发送信息的能力。一个出色的上班族会不论等级去接触每个必要的人，并且认真积极地听取值得听取的东西。这可以为你提供大量信息，也可以使你知道你的行业、你的上司、客户及员工需要什么，你也会因此而获得友谊、忠诚和合作。

生活中，那些只知道谈论自己的人，所想到的也只有自己。而“只想到自己的人，是不可救药的未受教育者”。哥伦比亚大学校长尼可拉·斯巴特勒博士作这样的结论：“他没有受过教育，不论他读过多少年的书。”

因此，如果你要别人喜欢你的话，请记住这条规则：“做一个好的听者。鼓励他人谈论他们自己。”正如查尔斯·诺山·李所说的：“要令人觉得有趣，就要对别人感兴趣。”提出别人喜欢回答的问题，鼓励他人谈谈他自己和他的成就。

我们可以想象出一个倾听者的姿态——就那样安详地坐着，眼睛盯着你的面庞，表情随着你的快乐而快乐，随着你的痛苦而痛苦，他很少说话，但每一句话都说在了你的心坎上，每一句话都激发起你更多的倾诉愿望。你诉说着，情感的闸门猛然提起，万般的委屈、千般的思绪，就像河水一样奔流而出！

倾听就是这样一种姿态，是一种与人为善、心平气和、谦虚谨慎的姿态。这种姿态，能使你倾听到最真实的话语，接触到最现实的答案。

既然倾听的作用如此重要，那么，我们应该如何学会倾听呢？

1. 培养自己倾听的愿望，形成倾听的习惯

在交谈的时候，不要处处以个人为中心，要给对方足够的时间来倾诉，倾听的时候，不能左耳朵听右耳朵出，而是要诚心诚意地耐心地倾听，无论对方说得是对还是错，都要听明白以后再发表自己的意见。这不仅仅是倾听的技巧，也是对人的一种礼貌和尊重。

2. 控制自己情绪

对方在向你倾诉的时候，有些话题你很感兴趣，有些话题可能会让你兴味索然；有些话题可能关系到你的切身利益，有些话题可能和你毫不相关；有些话题攻击的可能是你和你的朋友，有些话题可能是出于愤世嫉俗。这些话题对你来说是有区别的，但对于倾诉者来说，它们同样重要。所以，我们不能以我们的好恶来决定应该重点听哪些内容，更不能把自己的情绪反映到自己的脸上。

3. 掌握引导的技巧

一个人絮絮叨叨说很长时间，自己也会感到疲惫的，我们可以适时将对方的话题引向深入，这一点在对方情绪激动的时候尤为重要。倾听不是只听却不参与对话，而是要通过你简洁的对话让对方把心里话说出来，这里面就需要我们把握住引导的时机，充分利用引导的技巧，让谈话变得真诚而有效率。

善于倾听，增强与对方沟通的效能

我们想要结交更多的朋友，其中最重要的就是沟通能力。其实，沟通能力主要是指主动去了解别人的需要、渴望、能力与动机，并给予适当的反应。而要去了解别人，首先就要学会倾听。倾听能够使你了解对方的喜好、厌恶与需求，有利于使你掌握谈话的主动权，使沟通向你有利的方向发展。

有一天，一个中年男人到一家零售店里买剃须刀。

"先生，"店员很有礼貌地说，"你想要好一点的，还是要次一点的？"

"当然是要好的，"顾客有些不高兴地说，"不好的东西谁想要？"

"这是最好的吗？"

"是的，而且是牌子最老的一种。"

"多少钱？"

"580 元。"

"什么？为什么这样贵？我听说，最好的才 200 多块钱。"

"我们也有 200 多块钱的，但那不是最好的。"

"可是，那也不至于相差这么多钱呀！"

"差得并不多，还有十几块钱一个的呢。"

那位顾客一听，面露不悦之色，掉头想离去。这时店老板急忙赶了过去："先生，你想买剃须刀吗？我来给你介绍一种好产品。"

"是什么样的？"

老板拿出另外一个牌子来，说："就是这一种，请你看一看，样式还不错吧？""多少钱？""116 元。""店员刚才没有讲清楚，剃须刀有好几种牌子，每种牌子都有最好的货色，我刚拿出的这一种，是同一种牌子中最好的。"

顾客随即就买下了那个剃须刀。

那位顾客之所以刚开始没能买下那个剃须刀，主要是因为那个售货员没能够理解对方的真正意图。那位顾客一进门就要最好的，说明他的优越感很强。但是一听价钱，他就嫌太贵了，这可能与他的经济实力有关。顾客把所有的问题都推到对方的身上，是因为他不肯承认自己舍不得购买。

而老板则弄明白了顾客的真实意图，在不损伤对方优越感的前提下，让他买了一件较便宜的。那位老板之所以能够听明白顾客的真实意图，在

于他善于倾听，能从对方的谈话中巧妙地听出弦外之音，打探出对方的虚实，进而达到了自己的目的。

为了正确地理解说话者表达的意图，就必须弄清所讨论主题的倾向。有时候只要听到开始的几句话就能马上得出对方“同意”“友好”“敌对”“无关紧要”等意思。而有时，必须认真倾听，才能品味出对方的真实意图。因此，在与陌生人交流时一定要认真倾听，并根据对方的真实意图说出一些合适的应对话，这样才能使交流进行得更为顺畅。

“红顶商人”胡雪岩获得众多友人所用的交际“手腕”就很简单，那就是会倾听。他与别人打交道时，不管对方的言语多么枯燥无味，他都能一本正经，两眼注视对方，听得很投入，并会对对方的话产生极大的兴趣。而且在紧要关头他还会补充一两句，使得滔滔不绝者感到与之有种相见恨晚之感，随后就自然能与他结为好朋友。

但是，在日常的交际活动中，有许多人在与别人交谈时，总是喜欢侃侃而谈，从不在乎别人的感受。也有的人会在对方刚说话时就打断了对方的话，慢慢地对方就不再愿意与你多说什么了。这样的人听不到别人的心声，听不到对方所表达的观点，会使对方感到你不在意他，最终不再愿意与你沟通了。

倾听是一种修养，善于倾听别人述说是对别人的尊重，即便你不说什么，别人看你真诚的样子，心里也会对你产生感激之情。

倾听，是一种沟通的途径，能够使你获得别人已知而自己不知的信息或情况，只有你愿意听，别人才会愿意讲，这样你才能从对方那里获得更丰富的信息或掌握更详细的情况。倾听，是对别人的一种真诚的态度，表示你对对方的尊重和重视，会让对方对你产生好感，更愿意与你成为朋友。

倾听固然对交流和沟通是重要的，但是，在倾听的时候，也要具体注意以下两方面的细节：

1. 给予对方全然的注意

在倾听时，一定要专心，不要随便让其他事务分散你的注意力。如果你是处在拥挤的房间内与对方谈话，要尽量地摒除其他人与事的任何干扰，让对方觉得你们是唯一的在场者。

其实，在倾听时，真正给予对方全然注意的要点表现为：要直视对方，

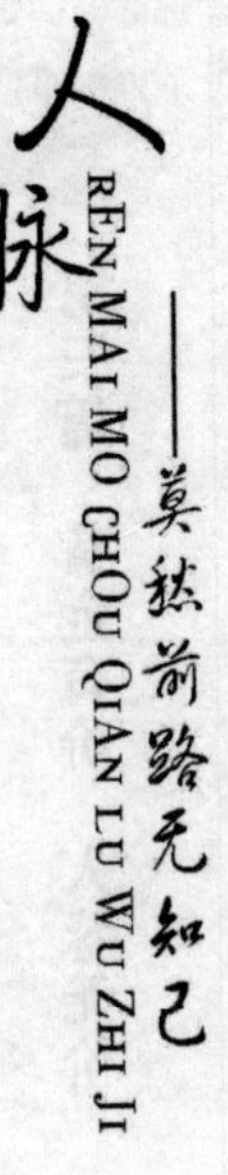

即便旁边有干扰，也不要予以理会，这样才能让对方感到你是在尊重他。

2. 倾听时要认真

在倾听时，不要将自己的侧面对着讲话者，否则，就会让对方感觉你在某种程度上不重视他的谈话，或者是对他的谈话感到厌烦，就不会轻易地将内心的真实想法说出来。

在倾听时，要端正坐姿，眼睛最好对着对方的眼睛，这样才能让对方感到你是在关注他。

同时，手里也不要玩东西，这样会分散双方的注意力，不利于有效的沟通与交流。

3. 倾听时，在适当的时候也要给予一定的回应

交流与沟通都是双方的事情，你要在对方说完一个建议或一段话后，给予适当的回应，这样才能让对方感受到你是在全然地专注他的讲话，才能更有兴趣将所要说的话讲完。

只要注意以上几点，你就会掌握交友的主动权，达到良好的交际效果。

如果你希望成为一个有好人缘的人，那你就得先做一个注意倾听的人。要使别人对你感兴趣，那就先对别人感兴趣。如果你希望别人对你产生好感，那就必须先学会倾听。在倾听的过程中，他会对你产生好感和亲近感，你们的友谊会因此不断加深。

赞美有意想不到的效果

背后多说他人好话

如果你总是在别人的背后说她的好话，那么人家就能够看出你的真心。这样，对方就更容易被你打动，成为你的知己。

每个人都喜欢听赞美的话，与陌生人交谈时，如果能适时地赞美对方，一般情况下都会得到对方的好感。但是有时候，也会使对方觉得我们是在恭维他，要想让赞美的话句句都能落入对方的心坎里，那么，就要学会在背后多说对方的好话。

今年刚刚毕业的王婷到一家广告公司应聘客服人员。面试官是一位很漂亮的女士，在谈话中，王婷不停地称赞对方漂亮、有气质。但是，让她失望的是，对方并不为此所动。交谈结束后，面试官对王婷说："你的条件不错，但是经验有些欠缺，我不能保证公司一定会录用你，你回去等我们的通知吧。"

王婷沮丧地向外走，这时一个人问他："面试官是个什么样的人？"问话的是一个年轻人，一副很干练的样子。王婷说："面试官很有气质，知识也挺渊博，谈吐不凡……"

那个人笑了笑说："你回去准备一下，明天就过来上班吧！"

王婷很是惊讶。那个人说："我是这里的客户部经理，你能在背后称赞别人，说明你更在意别人的优点，而非缺点，也说明你是一个正直而善良的

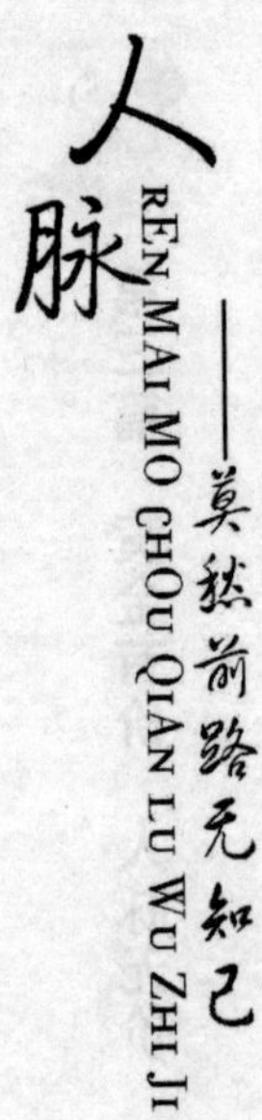

人，这样的人很适合做客服。”

这位客户部经理说得没错，能在背后说别人好话的人，是一个真诚而实在的人，容易赢得对方的信任与好感。张婷当面说面试官的好话，对方可能会觉得她是在奉承她、讨好她。相反，如果是在别人的背后说她的好话，人家则会看出你的真心。这样，对方就必然会领你的情，会感激你。在背后说人好话，还可以消除人与人之间的种种误会，缓解彼此间的矛盾。在背后说别人的好话，会被人认为是发自内心、不带有私心的，从而增强对方对你的好感，消除对方对你的不满。

另外，在背后说别人的好话，能够满足对方的虚荣心，给足对方面子。在背后说别人的好话，通常会在对方的意料之外，这样就能够迅速地打动对方的心，使其对你产生好感和信任，从而更愿意与你进一步结交。

成为赞美的行家

语言是人际交流的最重要最有力的工具。话说得好，不仅是一个人修养水平高的表现，也是一个人仪表风度必不可少的因素。没有人会承认一个穿着整洁却言语粗俗无礼的人有风度；相反，即使一个人并非西装革履，如果谈吐不俗，也会令人刮目相看。

只要讲话，就要学会赞美。想要赞美人时，高声表达，想要批评人时紧咬舌根。因为，赞美会让敌人变成朋友，会让朋友变成手足。

美国“钢铁大王”卡内基，在1921年付出100万美元的超高年薪聘请一位执行长夏布(schwab)。许多记者访问卡内基时问：“为什么是他？”卡内基说：“因为他最会赞美别人，这也是他最值钱的本事。”

会赞美别人的价值真的如此“高价”吗？当然，懂得赞美他人的人，简直就掌握了一份无价之宝！成功学大师戴尔·卡耐基本人就是赞美的受益者之一。

当卡耐基还是一个小孩子的时候，他就是个有名的坏小子，他的父亲甚至对他已经彻底绝望了，因此，当他把卡耐基的继母迎娶进门的时候，他不得不提醒她——你面前站着的，是全州最坏最坏的男孩子，他的想象力和精力几乎全用在做坏事上了。

卡耐基的继母没有因此嫌弃小卡耐基，而是爱抚地看着他，然后对自己的丈夫说："你错了，他不是全州最坏的男孩子，而是全州最聪明最有创造力的男孩子。只不过，他还没有找到发泄热情的地方。"

继母的话说得卡耐基心里热乎乎的，眼泪几乎滚落下来。因为在继母到来之前，没有一个人称赞过他聪明，所有的话语都在指责他的粗俗和调皮。就是凭着继母的这一句话，他和继母开始建立友谊。也就是这一句话，成为激励他一生的动力，使他日后创造了成功的28项黄金法则，帮助千千万万的普通人走上成功和致富的道路。

由此可见，赞美一个人，具有改变人生的力量。对于职场上的人来说，赞美的力量同样不可忽视。心理学研究发现：人类本性中都渴望受到夸奖和赞美。人们总是自觉不自觉地用他人的看法和态度来衡量自身的价值，对周围的人的评价非常在乎，有一种被肯定、尊重和赞美的渴望。有时候一句夸奖的话语，会产生意想不到的鼓舞作用。莎士比亚就曾经说过："对我们的赞扬就是给我们的报酬。"马克·吐温也曾幽默地说："凭一句赞扬的话，我就可以活上两个月。"

既然赞美在人际交往中的作用这样大，那么，当我们面对着各种性格、各种爱好的不同人群时，我们何不从对方最感到自豪的地方入手，通过对对方真心的赞美，来拉近和对方的距离，实现更加深入的人际交往呢？

严星带着考察团赴欧洲参加一场商业谈判。刚开始谈判的时候，对方的戒心很重，不但在谈判桌上寸步不让，就是平常的交往也疑虑重重，这使得谈判的氛围显得特别压抑，谈判几乎陷入停滞。但后来突然峰回路转，对方的态度一下子热情起来，谈判的诚意大幅度提高，双方很快就签订了合同。很多人不明白对方为什么变化这么快，严星却心知肚明。

原来，在一次对方举行的晚宴上，严星巧遇了对方老总的妻子，严星首先赞美老总夫人当天的打扮非常得体，尤其是对她所佩戴的那枚玫瑰胸针更是赞美有加。老总夫人一听，脸笑成了一朵花，她告诉严星——这枚胸针是自己家祖传的，已经有两百多年的历史了，是当时欧洲最好的金匠制作的。就这样，两人谈得非常愉快。宴会散后，那位老总及夫人还盛情邀请严星到自己的庄园去做客。自然，后面的谈判也就顺利多了。

十几年前，华硕董事长施崇棠在宏碁科技任职时，曾自费到卡耐基训练机构上了两三种课程，当时，他曾说："我最佩服国外老板的地方，在于他们很会赞美别人。"

"人类本质里最深远的驱策力，就是希望具有重要性。"美国哲学家约翰·杜威（John Dewey）说：想想，你的老板多久没有赞美你了？你又有多久没有赞美你身边的同事、朋友或家人了？

美国哲学家詹姆士也曾经说过："人类本质中最殷切的需求是渴望被肯定。"他不用"希望""盼望"这个词，足以说明这是人们极为需要的。人们对于渴望被肯定，绝不亚于对食物和睡眠的需要。人们渴望被肯定的本质说到底就是："渴望被重视""渴望伟大"。

既然人们渴望被肯定，为了搞好人际关系，我们就应给予他们这些，这样就能建立起友谊。当然我们没有汽车、金钱、地位给别人，但是我们却能够给别人我们所能给的东西，这就是："给予别人真诚的赞美。"这是促人向上的催化剂：它能使人朝气蓬勃；它是挖掘人们内在潜力的最好铁锹。

所以渴望被重视，影响鼓舞着人们的心灵；懂得满足人类这种渴望的人，就能够和别人友好相处。著名企业家厦布说过："促使人们自身发展的最好办法，就是赞赏和鼓励……我喜欢的就是真诚、慷慨地赞美别人。"如果我们真心诚意地想搞好人际关系，就不要光想着自己的成就、功劳，别人是不理会这些的。而需要去发现别人的优点、长处、成绩，然后不是虚情假意地迎合，而是真诚慷慨地赞美。

赞美一个人对于培养人脉的重要意义不言而喻，但是，并不是所有的人都懂得如何赞美他人，甚至有的人的赞美让对方感到肉麻，觉得你不是在赞美他，而是在阿谀奉承、在拍马屁，这样的"赞美"是起不到应有的效果的。因此，赞美他人应当注意以下几点。

1. 赞美一个人，最好从赞美他曾经取得的成就或他现实的表现开始

对于一个初次见面的人，当我们赞美对方的时候，最好先从对方已经取得的成就开始，人们都比较喜欢谈论自己取得的成就，当你赞美他的成就的时候，他就很容易把你当成知己来看待，人与人之间的那层隔膜不知不觉就消除掉了。

如果你和对方陌生到连对方的名字也没听说过，那也不必慌张，你可以赞美他现实的表现，比如他广博的人际关系，比如他得当的服饰搭配，只要你善于找，总会找到合适的赞美话题的。

2. 赞美一个人，要切实把握赞美的程度

赞美他人，不是把对方捧得越高越好，不切实际的赞美是溜须拍马，会让人产生厌烦的心理。所以，当我们决定赞美一个人的时候，最好站在一个比较客观的角度，这样会让人心里很舒服，又不会对你的人品产生反感。

3. 当你赞美一个人时，要做到"加一把火"

在赞美对方的过程中，如果你发现对方对你的赞美比较认可的时候，我们可以展开赞美的角度，在最初的赞美基础上再加一把火，通过进一步的赞美实现双方心灵的沟通。即使是对同一个赞美话题，也要注意更换不同的方式进行赞美，如果我们反反复复只是那么几句赞美的话，肯定会让对方大倒胃口。

在这个社会上，会说赞美话的人，肯定比较吃香，办事儿顺利也就顺理成章了。当一个人听到别人的赞美时，心中总是非常高兴，脸上堆满笑容，口里连说："哪里，我没那么好，你真是很会讲话！"即使事后回想，明知对方所讲的可能是恭维话，却还是没法抹去心中的那份喜悦。

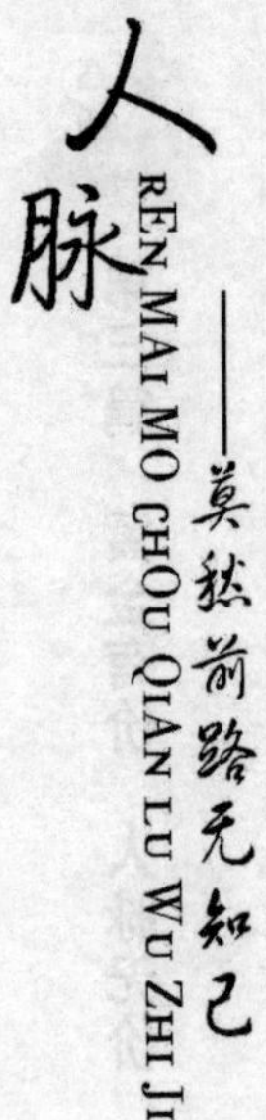

教你如何赢得他人的好感

小小礼物，赢得对方好感

在与人交往中，很多人都遵循“无功不受实实禄、无劳不受惠”的处世原则，如果在与陌生人交往中善于利用人们的这一交际心理，给对方略施一些小恩小惠，使对方产生“亏欠”心理以及好感，就能够提高你与对方结交的成功率。

张越是一家图书公司的图书销售员，有一次，他到书店去查看图书的销售情况。在书店里，他注意到一位年轻人正拿着一本书看得津津有味。于是，张越就主动走到这位年轻人旁边，与他攀谈了起来。交谈了一会儿后，张越就觉得这位年轻人与众不同，特别是他个人对目前图书市场的独特见解与看法，使张越很佩服。张越很想与对方结交，以便以后向对方请教一些图书方面的问题。

当张越看到年轻人手中的书时，便有了主意。他把营业员叫过来，说：“这本书是我们公司出的，我想把它送给这位先生，你看如何办手续？”营业员请张越拿出证件来，然后打了一个电话，就说：“可以了，不用交费了。”

年轻人很是高兴，两人又聊了一会儿。分手的时候，年轻人主动把自己的联系方式给了张越，并已经把张越当成了自己的朋友。

大部分人在接受对方的礼物时，都会觉得欠对方人情，在这个时候，如

果你向受恩者不提出过分的要求,对方通常都会很愿意帮助你的。

但是,你给对方的好处一定要得体、恰当,如果过大过多,则容易让对方觉得你是打算向他索取更大的回报,并且对你有所回避,这样就不好了。

另外,在向对方施惠时还要顺其自然,不要让人感觉到做作,要使对方可以接受。否则,不但会讨人厌,说不定还会得罪对方,会让"人际资产"在无形中变成"负债"。所以,在向人施惠时,一定要巧妙地运用各种方法,让别人心安、自在地接受。

让你们的谈话气氛活跃点

在社交活动中,每个人都希望在令人愉悦的气氛中与他人交流,所以,在与陌生人交谈中,如果你能恰当地活跃交谈的气氛,就能够在很大程度上博得对方的好感。

一位大学教授第一次应邀到一位学者家去做客。学者学识渊博,但却不苟言笑,场面显得有些冷清。这时,学者向教授问道:"您是否喜欢莎士比亚?"教授回答说:"喜欢,但是我更喜欢威尔士。"惹得众人哈哈大笑。后来,教授就大胆地敞开心扉,与主人聊了起来,最终与他成为好朋友。

莎士比亚既是一位文学家,也是一种奶酪的名字。当学者问及对方是否喜欢莎士比亚时,教授却巧妙地转移了话题,将之视为一种奶酪的名字而作出了回答,活跃了当时的气氛,打破了尴尬的局面,使得他们最终成为好朋友。

在现实生活中,那些一本正经的人总会给人一种古板、单调、乏味的感觉。如果你能在交谈时,不时地穿插一些对方意想不到的、貌似荒谬而实则具有意义的问题,就能够活跃交谈气氛,让对方对你产生好感,从而促进双方的交流。

除此之外,以下方法也能够起到活跃气氛的作用:

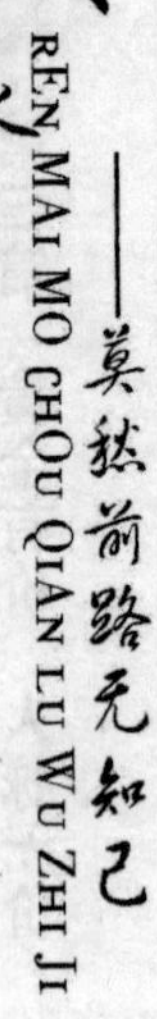

1. 夸张地赞美

在与陌生人见面之前，应该先从侧面了解一下对方的情况，尤其要知道对方的优点或者特长。当与之见面、介绍、寒暄之后，就要抓住机会，将他的才能、成就、天赋、地位、特长等夸张地赞美一番，这样不仅能够活跃谈话的气氛，还会让对方感到你是了解他、倾慕他的，会更愿意与你成为朋友。

2. 自我解嘲

在不同的场合能够适当地自我贬低、自我解嘲的人往往都是成熟的人。在与陌生人交谈的过程中，自我解嘲可以将当时尴尬、严肃的气氛活跃起来，让对方感受到你的幽默。在自我解嘲的时候还可以偶尔带点滑稽的动作，让对方看到你活泼、开朗的一面，感受到你的真诚，对你产生好感。

3. 来点儿小恶作剧

当你与对方交谈到一定程度的时候，利用恰当的时机，善意地、有分寸地来点儿小恶作剧可以活跃谈话气氛，使你与对方自由自在地交流，享受到一种不受束缚的“自由”，使对方放松心情，更愿意与你交流。

在谈话时，适当地搞点儿恶作剧能够达到出人意料的效果，但是要分清对象，如果对方是个非常严肃、不苟言笑的人，那么此招要慎用。

4. 利用道具，借题发挥

与陌生人见面，刚开始可能会出现尴尬、冷场的局面。这时，你就可以利用随身携带的小道具，借题发挥，激发对方的交流兴趣。比如，你可以掏出自己的钥匙，借题发挥；或者用一把扇子，让大家做首诗，以唤起对方的交流兴趣。这样慢慢地引入更多的话题，与对方进行畅快的交流。

总之，要活跃交谈气氛，只要你灵活运用，根据不同人的性格做些不同寻常的动作或说些出人意料但又无伤大雅的话，便可以使谈话的气氛活跃起来，出现令人愉悦与欢乐的交谈场面，使对方大胆地对你敞开心扉，与你成为真正的朋友。

他人面前不要表露出令人生厌的坏习惯

在与陌生人交流的过程中，一些人很快就可以与他人打成一片，获得对方的好感。而有些人则是用了很多方法，也不能让对方为之心动，有时甚至还会招致对方的厌烦。其主要原因就在于这些不受欢迎的人，会在不经意时将自己的一些坏习惯表露出来，让对方产生厌恶感。

一般情况下，下列习惯是属于比较不能让他人接受的。

1. 死板、爱钻牛角尖。这样的人很执拗，只要是自己认定了的事情或道理，就不会轻易改变。即便能意识到自己是错误的，也不会轻易去承认。与这样的人交谈，会使人感到一种压迫感，从心里抗拒与他们接触。

庄浩是某汽车销售公司的销售人员，沟通能力很强，就是有一个习惯：爱钻牛角尖。为此，他失去了许多客户。

有一次，他去见一位陌生的客户。他很善言谈，与客户谈汽车行业在中国的发展前景，当谈及哪个汽车品牌在中国未来很畅销时，却与客户发生了分歧。庄浩说出了自己的理由，而客户也向他阐明了自己的观点，可庄浩不仅没对对方观点中的合理部分给予肯定，还极力地去反驳对方，与客户争得脸红脖子粗，最终惹怒了客户，白白地流失了一单生意。

如果庄浩能够适时地承认对方观点的合理性，不把自己的观点强加于对方，也不至于惹怒了客户，使自己白白地少了一单生意。因此，在与陌生人交流时，一定要搞清与对方交谈的目的。要知道，交谈的目的在于相互了解，与对方成为朋友，而不是与对方进行辩论赛。如果你有这方面的坏习惯，一定要尽快改掉，只有虚心地与对方交流，才能达到良好的沟通效果。

2. 说话声音小，口齿不清晰。有的人与陌生人见面后，出于紧张或其他的原因，说话的声音很小，并且说出去的话没有一点感染力，这样往往会

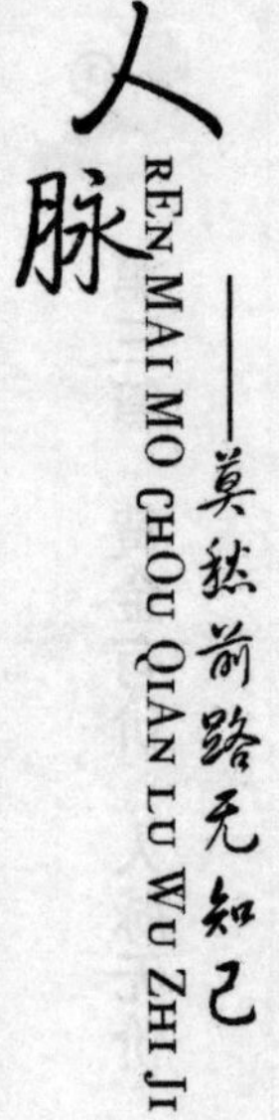

使他人对你产生失望之感并且不愿意与你交往。所以，在与陌生人见面后一定要树立自信心，平等、畅快地与对方交流。

3. **轻率**。有这种习惯的人，常常在说话时口不择言，各种话语不经思考就脱口而出，这样很容易出差错，并使对方生厌。所以，在与陌生人交流时，一定要谨慎地掌握自己的言语，不要信口开河、胡说八道。

4. **刻意向对方讨好**。这样的人在初与人见面时就点头哈腰、皮笑肉不笑地刻意去讨好对方，让人觉得他不怀好意，并心生厌恶。所以，为了不使他人产生误会，还是要多注意自己的举止为好。

5. **皱眉头**。现实生活中，爱皱眉头的人容易带给他人一种烦躁的情绪，让对方觉得你有什么烦心事，从而不愿意与你多交流。所以，有这种习惯的人在与陌生人交流时，一定要时刻提醒自己将眉头舒展开，让对方以一种愉悦的心情与你交谈。

6. **见面熟**。有些人初次与别人见面，就像遇到许多年没见的老朋友一般，非常热情。但过分的热情会让对方对你存有戒心，不易与对方进行畅快的交流。有这种习惯的人，一定要注意自己的态度，要不卑不亢地去与对方结交，才能让对方尊重你。

如果想得到他人的好感，就应该审查一下自己是否也有这些容易让人生厌的坏习惯，如果有就赶快改掉，因为这些习惯有可能会损害你在他人心目中的形象，产生不好的交际效果。

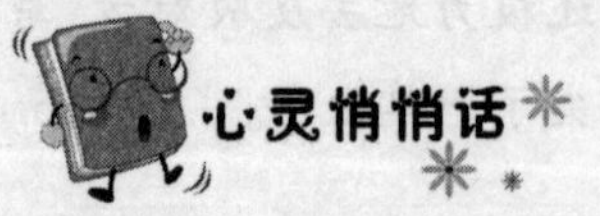

大部分人在接受对方的礼物时，都会觉得欠对方人情，在这个时候，如果你向受恩者不提出过分的要求，对方通常都会很愿意帮助你的。如果你能在交谈时，不时地穿插一些对方意想不到的、很有意义的问题，就能够活跃交谈气氛。让对方对你产生好感，从而促进双方的交流。经常性地将自己的一些坏习惯表露出来，会让对方产生厌恶感，自然也就不会受到对方的欢迎。

你为你的人脉做了多少

别人用你的多更突出你的可用价值高

人们经常会听到一些人抱怨朋友不讲义气、不够朋友、遇事不去帮助自己等。其实,这类朋友不愿帮助你的真正原因就在于你的可利用“价值”太低。试想,一个对自己没多大用处的朋友,谁会愿意尽力去帮助他呢?

张丽是一位非常有雄心而且对事业十分用心的女性,她经常会牺牲家庭时间去主动与那些能够帮助自己的人结交,任何的大小聚会,她都不会错过。她也经常这样向身边的朋友说:“我有很多朋友。”

可是有一次,张丽家里遇到紧急的事情需要帮忙,她打了很多电话给这些朋友,却没有一个人愿意帮她的忙。此时,张丽才发现,原来自己平时所结交的那些朋友,只是在聚会场合中的点头之交,表面上客客气气地互相吹捧,场面话说得很漂亮、很亲密,但是等自己真的遇到问题、需要人帮忙时,没有人会伸出援助之手。

对于这些表面上的朋友来说,一旦存在利害关系,你若没有什么可以作为“交换”的筹码,那就什么都不是了。

张丽的经历很好地说明了这一点:不管你的人脉网有多大、有多广泛,如果自身的“可用价值”很低的话,脚下的路也不一定会走得顺畅。在平时所结交的朋友,如果没有与对方发生联系,那便只是人际存折,并不能对自己发挥效能。在这样的情况下,就需要努力去发挥自己的价值,增加自己被“利用”的价值,增加朋友对你的关注度,这是一种非常实际的结交朋友的方法。

任何人都想与那些能力强的人结交,在竞争日益激烈的今天,人一旦没有了可用价值,就会被周围的人像扔甘蔗渣一样丢弃。不信的话,你也可以设想一下:有一个人,他既不能为你提供丰富的信息,又不能为你提供任何帮助,但是只要他有困难,就跑来找你,这样的人你会愿意与他做朋友吗?恐怕不会。要知道,朋友与朋友之间的关系不是索取和奉献的关系,而是互求互助的关系。为此,想要赢得周围人的帮助,要想得到别人的器重,首先就要提升自己的可用价值,或用你的“价值”来换取别人的“价值”。

汪衡是一位房地产界的顶级销售员,他一年的成交额可达到几亿元,等于一家中介分店全年的成交额。他的办公室中放满了各种奖状及奖杯。他成功的秘诀就在于他善于利用自身的“价值”去换取别人的“价值”。

他平时有一个很好的观念,就是努力地吸收与销售房产有关的知识,将自己的可用价值提升到最高,凡是在他这里买房的人,都能够解决关于专业税务、装潢等问题。每位客户只要有什么需求,他都会耐心地给对方提供最新的、最专业的服务。曾经有一个客户几乎把他当成房产咨询顾问了,而且这位客户从来没在他这里买过房子,但是他却不以为然,因为他认为自己迟早会有机会的。他就以这样的态度对待每一位客户,果然连续5年拿下了公司年度的顶尖销售奖。

汪衡尽可能地提升自己的可用价值,吸引了更多的人,最终为自己创造了业绩。所以,在生活中,要想得到周围更多人的帮助,也要尽可能地提升自身的可用价值。

“可用价值”这个词听起来好像过于功利,但是心理学家则认为,互利互惠是人际交往的一个基本原则。这个社会是个相互利用的群体,在你利用别人的同时,也在被别人利用着。虽然,两个真正的朋友之间应该不具有功利性,但是,人的本性决定了这种功利性是确实地存在的。所以,不必

一味地去追求所谓的"没有任何功利色彩的友情",也不必抱怨自己周围的人有多么势利,而是应该多去想一想如何提升自己的"可用价值"。

人脉就是一张人际关系网,每个人都是网上的一个节点,有的节点非常脆弱,不能够连接起更多的人,而有的节点则可以在整张网上起着极为关键的作用,它能够连接起很多人,这就是人际网中的关键节点。毫无疑问,这些被称为关键节点的人,所拥有的朋友是众多而丰富的。那么,你如何才能成为自己人脉关系网中的关键节点呢?方法只有一个,那就是要不断地提升自己的可用价值。

个性不同,方法也随之而变

下面是生活中经常会遇到的四种不同个性的人以及一些相应的交际技巧,说不定你要面对的下一个交流对象就是其中的一个。

1. 性情急躁的人

性情急躁的人一般都心直口快,心里想什么就会说什么。与这样的人交往,对方可能会在无意中冒犯到你。这时候,你要保持冷静的头脑,不要太与之计较,因为对方本身心里并没有恶意,也不是有意地挑你毛病或对你不满。你可以对他的话置之一笑,或者用自我嘲解的话来化解尴尬的局面,你这样做,等对方明白自己的错误后,就会对你心存感激,会认为你是个心胸宽大的人,进而更愿意真诚地与你交往。

著名作家歌德在一次宴会上,一个曾经对他作品进行尖锐批评的批评家迎面向他走来。那位批评家是个性情急躁的人,他边走边对旁边的人说:"我从来不给傻子让路。"当时大家都知道这句话是说给歌德听的。而歌德听到这句话后,并没有马上气恼,而是说:"而我则相反。"歌德一边说,一边满脸笑容地让路给他,周围的人也哈哈大笑起来。于是大家的一笑就避免了一场无谓的争吵。后来,那位批评家也意识到自己的错误行为,他没想到歌德原来是这么一个心胸宽大的人,最终与他成了好朋友。

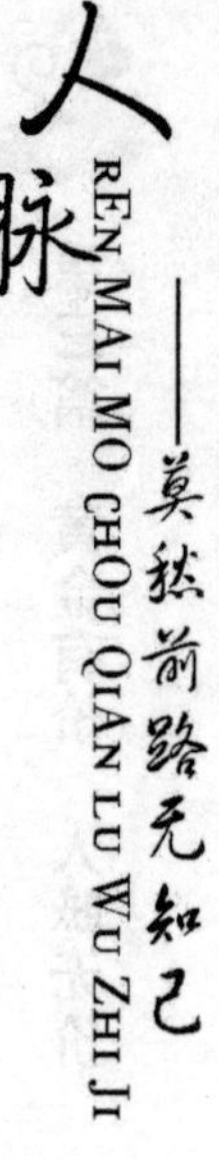

歌德只用一句话，既化解了批评家心中对他的不满，也活跃了现场气氛，最终感化了对方，与他成了好朋友。所以，在平时生活中，在与性情急躁的人交流时，一定要掌握交流技巧，这样才能收到完美的效果。

2. 死板的人

一般死板的人做什么事都喜欢我行我素，对别人总会冷若冰霜，尤其是对陌生人。

有时候，尽管你客客气气地与他打招呼，他也总会爱答不理，一般都不会作出你所期待的反应。与这样的人交流，你会觉得对方太无趣，甚至找不到交流的话题。其实，这类人也有他们自己追求与关心的事情，为此，与这样的人交流，你一定不要表现出冷淡，反而应该花些工夫，仔细观察，注意他的一举一动，从他的言行中，寻找出他真正关心的事来。一旦触及他们所热心的话题，可能就会立即扫除脸上那种死板的表情，而表现出极大的热情来。

另外，与这种人打交道，更要有耐心，还要循序渐进地与之交流，尽量不要去触碰那些令他心烦的人或事。更要设身处地地为他们着想，维护他们的利益，逐渐让对方自觉去接受一些新事物，最终改变他们的心态，这样，他们就可能会更愿意与你交往了。

3. 傲慢无礼的人

在交际过程中，你可能也遇到过一些自视甚高、目中无人的人。他们总爱表现出一副“唯我独尊”的样子，这样的人举止无礼，态度也较傲慢。说实话，与这样的人打交道，确实是一件令人难受的事情。但是，与这样的人交流，也是有一定交际技巧的。一般情况下要做到以下两点：

（1）语言简洁明了。与这样的人交流，要尽可能地用最少的话，清楚地向对方表达你的要求或某个问题。这样，会让对方感觉到你是一个做事麻利干脆的人，就不会再与你“讨价还价”，最终会约束自己的行为。

（2）要有意地邀请这种人从事一些活动。比如，请他去跳舞、唱歌或者与他多聊聊家常等。一旦对方在你面前表现出生活的本色，以后就不会再对你傲慢无礼了。

4. 争强好胜的人

这种人一般都具有极强的表现欲，他们与人交流时，都会自我炫耀、狂

妄自大，总是力求证明自己比别人强、比别人正确。当他们遇到竞争对手时，总会设法去排挤对方，会不择手段地去打击对方，力求自己在各方面都能占上风。与这样的人交流，一定要顺着他，多夸奖他，不要表现出比他强的样子，否则，就有可能会惹怒对方。

了解了与以上4种人交际的技巧与法则，你就可以从容、顺畅地去与他们进行交流了。

要想赢得周围人的帮助，或是得到别人的器重。首先就要提升自己的"可用价值"，用你的"价值"来进行等价交换。经常与陌生人交往，可能会遇到各种各样脾气的人，只有采取不同的方法或技巧去应对，才能很好地赢得对方的好感。

第四篇

如鱼得水的社交智慧

对于人脉的重要性我们都知道，一个人想要做成事,没有朋友的帮助是十分困难的。即使现在看起来十分微小的事情。

人脉需要用心地去经营,并不是随心所欲的,简简单单地说君子之交淡如水。那样的话,你的人脉就不堪一击。也许在事业的过程中就难以有什么好的进步和发展了。

其实我们只要拥有良好的个人修养,拥有笑对人情冷暖的良好心态就会很好的经营我们的人脉。

动人心者莫先于情

人际交往中，如何给别人留下最深刻的印象直接决定沟通的成败。情感，往往成为其中最关键的影响因素。与人交往、沟通的过程中，如果我们能够调动自身的热情，以情动人，那么，对方的注意力便在自己的掌控之中，我们便掌握了开启听众心灵的钥匙。正如白居易所说："动人心者莫先于情。"

不管世界上的哪一个国家，情感所产生的巨大影响，最能唤起群众的热诚，最具有震撼人心的力量。美国著名的女小说家惠赖·凯珊说：**"热情是每个做艺术家的秘诀——每位演说家都该是艺术家——这是一个公开的秘密，这正像一个英雄不能拿假的武艺冒充真的本领一样。"**这句话说得非常好，任何话语，情不深则无以动人。当你把热情和活力大量掺进演说时，往往可使听众不再留心你较小的错误。

被人誉为"黑珍珠"的球王贝利，是人类足球史上享有盛名的天才。他在很小的时候就表现出了踢球的天赋，并且取得了惊人的成绩。

贝利小时候，有一次，小贝利参加了一场激烈的足球赛。赛后，伙伴们都累得腰酸腿痛，有几位小球员点上了香烟，说是能够解除疲劳。小贝利见状，也要了一支，他忘我地抽着烟，看着淡淡的烟雾从嘴里吐出来，觉得自己很潇洒、很时尚。不巧的是，这一幕被前来看望他的父亲看到了。

晚上，贝利的父亲坐在椅子上询问他："你今天抽烟了？""抽了。"小贝利红着脸，低下了头，准备接受父亲的训斥。但是，父亲并没有这么做。他从椅子上站了起来，在屋子里来回走了好半天，这才开口说话："孩子，你踢球有几分天赋，如果你好好坚持下去，将来或许会有点儿出息。但是，你应该明白，做一名足球运动员的前提是有良好的身体素质，可今天你抽烟了。

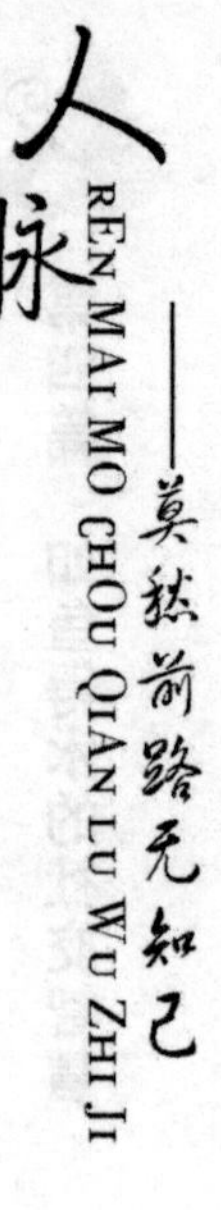

也许你会说，我只是第一次，我只抽了一支，以后不再抽了。但你应该明白，有了第一次便会有第二次、第三次……每次你都会想：仅仅一支，不会有什么大碍的。但天长日久，你会渐渐上瘾，你的身体就会变差，而你最喜欢的足球可能会因此渐渐地离你远去。”

说到这里，父亲问贝利：“你是愿意在烟雾中损坏身体，还是愿意做个有出息的足球运动员呢？你已经懂事了，自己作出选择吧。”说着，父亲从口袋里掏出了一沓钞票，递给贝利，并说道：“如果不愿意做个有出息的运动员，执意要抽的话，这些钱就给你买烟用吧！”说完。父亲走了出去。

小贝利望着父亲远去的背影，仔细回味着父亲那动情入理的话语，不由得伤心地哭了起来。过了一会儿，他止住哭，拿起钞票，来到了父亲的面前。“爸爸，我再也不抽烟了，我一定要做个有出息的运动员。”从此，贝利训练更加刻苦，终于成为一代球王。

从贝利的这则故事中，我们看到了人与人之间入情入理的沟通要比大发雷霆的训斥管用得多。情感，是进入别人内心，拉近双方距离的最有力武器。因此，凡是有沟通的地方就有情感发挥的余地。只要懂得这个道理，情感就会在人际沟通中助你一臂之力。

“动之以情”的运用通常离不开两个原则，只要遵循这两个原则，有效地沟通、给别人留下深刻的印象就不会是问题。

1. 触动对方的心理沉淀

“动之以情”能直接激起人的情感反应，拨动对方的情感之弦，以获得情感的共鸣。情感之弦是他本来就有的心理积淀，动之以情就是要触动他原有的心理积淀，调动对方本有的心理能量，来促成共鸣反应。

2. 愉悦诉求和恐惧诉求

情感也分两极：肯定的和否定的。前者唤起肯定性的情感体验，促成对方的心理卷入；后者唤起否定性的情感体验，引起对方的害怕、惊恐、厌恶或不适，使对方急于减轻或避免。但是在实际生活中，这两种情感诉求是可以交叉出现的。

在前面提到的球王贝利的案例中，贝利的父亲就是运用了恐惧诉求的情感体验，使小贝利深刻地认识到了自己的错误；同时运用了愉悦的诉求

使小贝利感受到自己的人生目标，自己有踢足球的天赋，是热爱足球的。这种情真意切的情感体验，是最具杀伤力的。

有个“的姐”把一个男青年送到指定地点时，对方突然掏出尖刀逼她把钱都交出来。她装作害怕的样子交给歹徒300元钱说：“今天就挣了这么点儿，要嫌少就把零钱也给你吧。”说完又拿出20元找零用的钱。对方见“的姐”如此爽快，有些发愣。“的姐”趁机说：“你家在哪儿住？我送你回家吧。这么晚了，家人该等着急了。”

歹徒见“的姐”是个女子又不反抗，便把刀收了起来，让“的姐”把他送到火车站去。见气氛缓和下来，“的姐”不失时机地启发歹徒：“我家里原来也非常困难，咱又没啥技术，后来就跟人家学开车，干起这一行来了。虽然挣钱不算多，可日子过得还算不错。何况自食其力，穷点儿谁还能笑话我呢！”见歹徒沉默不语，她继续说：“唉，男子汉四肢健全，干点儿啥都差不了，走上这条路一辈子就毁了。”

火车站到了，见歹徒要下车，“的姐”又说：“我的钱就算帮助你的，用它干点正事，以后别再干这种见不得人的事了。”一直不说话的歹徒听罢突然哭了，把300多元钱往“的姐”手里一塞说：“大姐，我以后饿死也不干这事了。”说完，低着头走了。

聪明的“的姐”运用了情感这把武器，通过给对方设置情感体验过程消除了他的防范心理，最终达到了说服的目的。

一个人没有自信，即从某种程度上对自己不信任，那么，在沟通中，别人也会在潜意识中对你产生某种忽视，这样是不利于与他人建立良好的、公平的人际关系的。大多数人往往在不到一分钟的时间内就对所遇到的人迅速地作一个判断，你的命运也许就在这15秒内就被决定了。记住：自信让你看起来很美丽。

有修养的人脉沟通

谦虚是一个人持续成功的保障

示弱是一种高超的智慧，可以减少乃至消除不满和嫉妒。事业的成功者、生活中的幸运儿，被人嫉妒是难免的，在一时还无法消除这种社会心理之前，用适当的示弱方式可以将消极作用减少到最低程度。

人和人是平等的，没有说谁比谁尊贵。更不能妄图别人什么事情都要听自己的，沟通中的双方也是如此。许多人为了显示自己的口才，或者想达到说服别人的目的，更乐意采取尖酸刻薄的态度，凭借自己的优势以咄咄逼人的气势来压倒别人。但是结果却常常事与愿违，别人非但没有同意，还引起了强烈的负面反应。卡耐基对此说："你可能赢了辩论，可是你却输了人缘。"

有这样一个案例。

一辆满载乘客的公共汽车上，一个年轻的小伙子不小心踩到了一位老大爷的脚。老大爷脾气不好，张口就说："你说你这么大一小伙子，怎么欺负我这么大岁数的人？"

小伙子原本想对自己的行为道歉的，可是老大爷的话实在让他反感，愧疚心理马上消失得无影无踪。他接捺了半天说："踩了就踩了，可我什么时候欺负你了啊？"

老大爷更加不高兴了，"得得得，现在的年轻人都不学好。我看你那样

儿,从监狱里刚放出来的吧?"

这下小伙子可火了:"你这人怎么说话呢?"边说边要往前冲,车里的人左劝右劝,好不容易才让他俩儿消了气。

生活中这种因为鸡毛蒜皮的小事而引发的大问题实在是不在少数,故事中的老大爷很明显的就属于典型的"得理不饶人"。本来只是小事一桩,可是为这么一点小事斤斤计较,让自己显得很刻薄,很强势,不但形象大打折扣,还害得双方心里都不痛快,何苦呢?

在我们身边还有一种人总是以自己的权威来压倒别人,但是这种沟通效果又如何呢?

迈克是一个科研项目的主要负责人,吉姆是他的助手。他们因为对一个实验的结果有不同的看法而起了争执。吉姆说这次实验的意义非常重大。所以有必要再精确地做一次,以防万一。而迈克则说没有必要再做了。

吉姆对迈克的这种工作态度很不满意,说:"我们自己辛苦点没有关系,但要对客户负责,要对自己的职业道德负责。"脾气暴躁的迈克一听到这些话就有些火了,大声叫喊道:"你说我不负责?那么我告诉你,我是这个项目的负责人,如果出现了不好的后果,我一个人承担责任!"

吉姆看着迈克铁青的脸,几次想再争辩几句,但最终还是没说,转身走了。

有一句话说:"人只有敬服的,没有打服和骂服的。"希望依仗强势来压服对方,即使表面上对方服输了,但是这也只是暂时的,他们的内心肯定不服气。毕竟,人人都有自尊,当自尊心被刺伤后,留给心灵的是伤痕,传给情绪的是仇恨,而理智则早已不复存在。其实,每个人都知道,唯有靠对方内心的认可才有可能真正说服对方,但是如何说服对方的内心却不是每个人都知道的。

交流最基本的就是要尊重对方,懂得对方的心思,不要动不动就拿出自己的那一套来指导别人。也不要把自己看得高人一等,动不动就教训别人，显示自己的聪明。最起码要把彼此都放在同一个水平上，这样才能保证交流的顺畅进行。要知道，温和友善总要比愤怒粗暴更强有力，更能很好地解决问题，著名的演说家史德伯对此深有体会。

有一段时间里，史德伯的生活很拮据，因此，他希望自己的房租能够减低些。但他知道房东是一个非常难缠的人，虽然如此，他还是想尝试一下。于是就写了一封信给他，信上说："我现在通知你，合约期已满，我立刻就要搬出去。事实上，我不想搬走，如果租金能减少，我愿意继续住下去。但看来并不可能，因为其他房客把各种方法都试过了，包括警告甚至恫吓。大家都对我说，房东很难打交道。但是，我对自己说，现在我正在学习为人处世这一课，也不妨试试，看看是否有效。"

史德伯的房东一接到信，就同秘书找到了他。史德伯站在门口欢迎房东的到来，充满了善意和热忱。交谈的开始，史德伯并没有谈房租太高，而是强调自己是多么地喜欢他的房子。史德伯称赞房东管理有道，并表示自己很愿意再住一年，可是却实在负担不起昂贵的房租。

"他显然是从未见过一个房客对他如此热情，他简直不知道该怎么办才好。"接下来，房东开始诉苦，抱怨房客，说其中的一位给他写过 14 封信，内容太侮辱他了。另一位房客则威胁如果不能制止楼上那位房客打鼾的话就要退租。"有你这种满意的房客，多令人轻松啊！"房东对史德伯称赞道。

当然，沟通的成果是令人满意的。在史德伯没有提出要求之前，房东就主动要减收一些租金。"但这还是一个比较高的数字"，史德伯说出了自己能负担的数字，而房东什么都没有说就同意了。当他离开时还转身问道："有没有什么要为你装修的地方？"

这就是友善沟通的力量，比那些强势的方法有效得多。如果史德伯按照其他房客的方式要求减租的话，一定会碰到同样的阻碍。

控制情绪，好性格成就好人脉

在争论中得罪人是一种很愚蠢的行为。生活中，不可能件件事都顺你心意，如果你事事都要跟人争，跟人吵，那么你的人缘一定会坏到无以复加，所以，试着控制一下你争斗的欲望，在轻松的谈话间让对方认可你的意见，这才是最高明的做法。

人们都喜欢和气的人，恐怕没有人会喜欢不好好商量事情，只会发脾气的人。其实做什么事都要你情我愿，大家坐下来平心静气地解决问题不好吗？何必要乱发脾气呢？

遇到不同意见时，你不能一不高兴就要发脾气。

假如你在愤怒之下，对别人发作一阵，你的气随之消失，心中也高兴了。但是别人怎样呢？当你高兴时他能分享到一点吗？你那挑战的口气，敌意的态度，会使他容易赞同你的意见吗？美国前总统威尔逊说过："假如你握紧两只拳头来找我，我想我可以告诉你，我会把拳头握得更紧；但假如你找我来，说道：'让我们坐下商谈一番，假如我们之间的意见有不同之处，看看原因何在，主要的症结在什么地方？'我们会觉得彼此的意见相去不是十分远。我们的意见不同之点少，相同之点多，并且只需彼此有耐性、有诚意和意愿去接近，我们是不难完全相投合的。"

人类自身的一些弱点不利于人脉经营，如果你身上有这些弱点，你必须克服。我们需要改变的、不利于经营人脉的人格和心理倾向主要包括：自卑、怯懦、逆反、虚荣、短视、冷漠等等。这些心态假如你只有一点点，也不利于人脉资源的养成。对照一下，看看你有没有需要纠正的不良心理。

1. 自卑心理

有些人容易产生自卑感，甚至自己瞧不起自己。他们缺乏自信，办事无胆量，畏首畏尾，随声附和，没有自己的主见。这种心理如果不克服，就不可能积极挖掘自己的价值，大胆传播自己的价值，难以让贵人发现自己的价值。

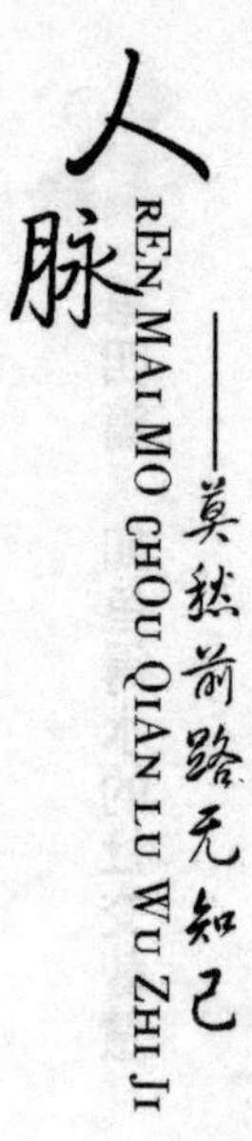

2. 怯懦心理

由于涉世不深、阅历较浅、性格内向、不善言辞等多方面的原因，有些人会对社交场合或是他人产生恐惧。比如开会的时候，即使是经过了深思熟虑，自己认为观点十分正确也不敢表达出来。其实，哪怕你只有轻微的一丝“社交恐惧症”，也能被别人观察出来，大大影响别人对你的“综合评价分”。

3. 猜疑心理

有些人在社交场合中，往往爱用不信任的目光审视对方，无端猜疑，捕风捉影。甚至说三道四、搬弄是非，结果会影响朋友之间的关系。

4. 逆反心理

有些人总爱与别人“抬杠”，以此显示自己的标新立异。对任何一件事情，不管是非曲直，你说好，我就认为坏；你说对，我就说它错，使别人对自己产生反感。

5. 虚荣心理

有的人在社交场合中“表演欲”过于强，往往逢场作戏，处处应付，爱吹牛，爱说漂亮话。比如，与某“要人”见过一面，他就会说自己与某“要人”交情深厚。在这种心态的驱使下，就很难与别人形成稳固、深厚的关系。

6. 短视心理

有的人认为交朋友的目的就是为了互相利用，见到对自己有用、能给自己带来好处的朋友才交往，而且常常过河拆桥。这种贪图财利、沾别人光的不良心理，会使自己越来越不受欢迎。

7. 冷漠心理

有的人对别人的需求很冷漠，不关心别人的想法，更不会换位思考。只要与自己无关的事情，就不闻不问，甚至言语尖刻、态度孤傲。致使别人不敢接近自己，从而失去不少“人脉”。

而有利于经营人脉的性格则包括：积极思维、自信、守信、分享、对别人有好奇心、本能地关心每一个人、乐群性等等。

8. 积极思维

人们都喜欢和积极、乐观的人交朋友，没有人喜欢和思想消极、终日抱怨的人在一起。积极、乐观的人，他们好像总在向外界辐射着强大的“能

量”，人们会不由自主地受到他们的吸引。而和他们一起共事，任何困难都不能使他们退缩，他们总能鼓舞起大家乐观、向上的情绪，毫无疑问，这样的人才是最佳的合作伙伴，也是大家争相结识的“重要人脉”。

9. 自信

在交流会、联谊会上，不自信的人总是“算准时间”到会，避免与不认识的人交谈，甚至提前与几个好朋友约好坐一桌，以免碰到陌生人。因此，尽管大量机会就在他们身边，却总是平白地让它流失。自信的人，往往提早到现场，因为那是他们认识更多陌生人的机会。

10. 守信

信任也是人际关系的基石。如何建立一个让人信任的形象，是让人脉竞争力可以产生良性循环的关键。如果一个人讲的话，每次都要打个七八折，那么，更多的人脉，只是带来更多的负面效应罢了。

11. 乐于与别人分享

俗话说，“有怎样的肚量，就有怎样的福气”。不管是信息、金钱利益或工作机会，懂得分享的人，最终往往可以获得更多，因为，朋友愿意与他在一起，机会也就越多。

12. 保持好奇心

一个只关心自己，对别人、对外界没有好奇心的人，即使再好的机会出现，也会与其擦身而过。知名作家黑幼龙说，就像问对问题一样，当你对人产生兴趣，问题总是可以触及人心。

13. “本能”地关心每一个人

如果抱着某种目的去关心别人，肯定会使别人很不舒服。只有发自内心地关心别人，才能与别人建立长久的朋友关系。天生擅长经营人脉的人，天性中有种喜欢帮助别人的本能，他们对别人的关心、帮忙纯粹是发自内心，毫不做作的。

14. 乐群性

乐群性是衡量一个人的个性是内向还是外向的重要标志。一个过于内向的人，往往不喜欢群体，而喜欢独处。这会使他越来越孤僻，越来越不知道该怎么和别人沟通。相反，喜欢“群体”，喜欢“人多”，喜欢他人，关注他人，这种“乐群”心理是最有利于拓展人脉的。不仅如此，喜欢和群体在一起的人，往往能通过群体的力量，随时调节自己的情绪和对待生活的态度，让自己能保持愉快的心境。

性格既是天生的，又是后天培养的。如果想获得好人脉，首先，你要培养自己的"乐群性"。多发现他人的优点，多挖掘群体的好处，鼓励自己融入人群，享受群体交流的快乐！

锋芒毕露必遭人忌，最高明的方法就是把自己装扮起来，使世人一想到你就与某种特定的形象联系在一起，而忘记了你的真实形象。因为人们习惯于同情弱者，对过于完美的人和事总是心怀警戒，暴露些小缺点，出点洋相，反而可以增强你的亲和力。

重视别人的需要

若想感动别人或获得人缘，就得先从他们的需要入手。你必须记住，要使一个人做任何事情，唯一的方法就得使他自己乐意去做，而让他乐意去做得最好方法就是符合他的需要，同时还必须记得人的需要是很不相同的。

其实，很多人脉高手，都把“认真听别人说话”当作自己的法宝。比如，台湾作家高阳在描写“红顶商人”胡雪岩时，就曾经这样写：“其实胡雪岩的手腕也很简单，胡雪岩会说话，更会听话，不管那人是如何言语无味，他都能一本正经，两眼注视，仿佛听得极感兴趣似的。同时，他也真的是在听，紧要关头补充一两语，引申一两点，使得滔滔不绝者，有莫逆于心之快，自然觉得投机而成至交。”

被称为“最伟大的推销员”的乔·吉拉德，也有“败走麦城”的时候。那一次，乔花了近半个小时，才说服一位顾客下定决心买车。这时，乔所需要做的，只是和顾客一起走进办公室，签下一纸合约。

当他们向乔的办公室走去时，那位顾客开始向乔提起他的儿子，因为他儿子刚刚考进一所有名的大学。他十分自豪地说：“乔，我儿子要当医生。”“那太棒了。”乔说。

当他们继续往前走时，乔却心不在焉地东张西望。“乔，我的孩子很聪明吧?”顾客继续说，“在他还是婴儿时我就发现他相当聪明。”“他成绩非常不错吧?”乔说，他眼睛仍然望着别处。“在他们班是最棒的。”顾客又说。“那他高中毕业后打算做什么?”乔问道。“我告诉过你的，乔，他要到大学学医。”顾客说道。“那太好了。”乔说。突然间，顾客意识到乔没在听他的话。“嗯，乔，”他突然说了一句“我该走了。”就匆匆地离开了。

下班后，乔回到家里，分析了一整天的工作，还是不明白他怎么"突然间"失去了一位客户？于是，第二天上午，乔又给那位顾客打了个电话，对他说："我是乔，我很希望您能来一趟，我想我有一辆好车可以卖给您。""哦，'世界上最伟大的推销员'先生，"他说，"我想让你知道的是我已经从别人那里买了车。""是吗？"乔说。"是的，我从那个欣赏、赞赏我的人那里买的。当我提起我对我的儿子吉米有多骄傲时，他是那么认真地听。"

随后他沉默了一会儿，又说："乔，你并没有听我说话，对你来说，我儿子吉米当不当医生并不重要。好，现在让我告诉你，你这个笨蛋，当别人跟你讲他的喜恶时，你得听着！而且必须全神贯注地听！"

顿时，乔意识到自己犯了个多么大的错误。

如果你想成为一名优秀的人脉专家，你就应重视别人的需要。正如查尔斯·洛桑所说的："要对别人感兴趣——问别人喜欢回答的问题，鼓励他谈谈自己和他的成就。"

请记住，对别人来说，他只会对自己的需求、自己的问题更感兴趣，而不是你的问题。别忘了这一点——尤其当你下次开始跟别人交谈的时候！

成功学大师戴尔·卡耐基在8岁的时候，有一次到姨妈家过周末。有位中年男人前来拜访，他跟姨妈聊过之后，就和小卡耐基聊了起来。

小卡耐基这个时候对帆船非常痴迷，而对方似乎对帆船也很感兴趣。他们俩的谈话就一直以帆船为中心，两人很快成了好朋友。客人走后，小卡耐基对姨妈说，他很喜欢这位来客，因为那个人也特别喜欢帆船！但姨妈却告诉他说，那个男人其实对帆船一点儿也不感兴趣，他是一位律师。

小卡耐基不解地问："那他为什么一直都在谈帆船呢？"

姨妈告诉小卡耐基："因为那位先生是一位君子，他愿意谈一些使别人高兴的事！"

这件事让小卡耐基深受教育，直到成人后，他还时常想起那位律师富有魅力的行为。

所以，想做一个真正的"君子"、一个有社交吸引力的人，方法并不复

杂，那就是在交谈的时候，你要发自内心地对别人的话题感兴趣，而不是把谈话的焦点集中在自己身上。

在与人交谈时，你要保持一种宽宏的气量。当你选择的话题过于专业，不被众人感兴趣时，应立即停止。也不要滔滔不绝地表现自己的学识，而是要善于聆听，作出回应，才能真正做到有效的双向交流。要知道，聆听也是一种艺术，不聆听，就不能真正地交谈。在与刚认识的人谈话时，你应该看着他，并对他所讲的话题有所反应，鼓励他继续说下去。

要知道，有效的沟通，不是无聊的闲谈，它的目的，在于互相发现和了解。很多人之所以无法给他人留下良好的印象，只因为他们不能专心地倾听对方说话，而只是一味地思考自己下一句该说些什么。所以，如果希望他人喜欢你，你就要做一个有耐心的听众，鼓励别人畅所欲言。要让对方觉得，他很受你的关注和尊重，而且他很乐于和你交谈。接下来的问题就是将它发扬下去，使之最终成为你的习惯、你的下意识行为，那么人人都会喜欢跟你交谈的。

所以，在与他人交往或生活时，每个人都应该换位思考一下，尽可能体会并满足他人的需求，这样才能建立好的人际关系，减少交往中的摩擦和困难，达到双赢的效果。

在现实生活中，你所遇到的人，都是独立的个体，都有自己的一些特殊的好恶。这时，你就必须设法探索对方的真正意图是什么，尤其是与你的计划有密切关系的事情。只有当适应别人的需求后，你的计划才会有实现的希望。

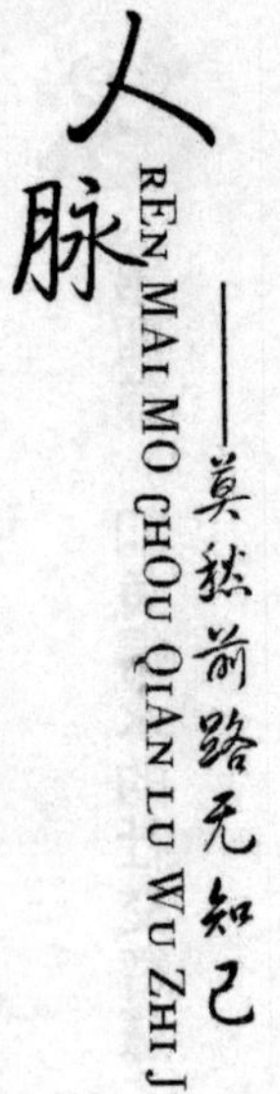

要善待你落魄的朋友

人生在世，没有一帆风顺的，总会有许许多多的艰难与困苦。当你遇到断崖险阻时，你需要的是帮助你架桥搭梯、雪中送炭的人。在这时帮助你的人，才是你真正的朋友。

我们不仅要重视那些春风得意的朋友，更不可忽视那些落魄失意的朋友。要知道人生之路坎坷曲折，变幻莫测，“三十年河东，三十年河西”，没准哪天，落魄的朋友也会平步青云。

北宋名相司马光仕途并非一直春风得意，在他失意赋闲在家时，他曾一度消沉。好在他热爱读书，喜欢交朋友，与友人一起举杯小酌，谈古论今，时光也好打发。

司马光当宰相后日理万机，案头文书堆积如山，其中有不少是旧友来函。这些人在给司马光的信中，多半是回忆旧情，欲勾起司马光的怀旧情结，然后就是叙述个人目前处境如何不好，大有怀才不遇的感叹，继而或暗示，或者恬不知耻地表示希望得到司马光的提携……

司马光对这些来信并不是每函必复，对其中啼饥号寒者有时也给予恰当的接济；对有意进取功名者复函表示鼓励；对厚颜讨官要爵者则置之不理。

司马光之所以这么做，并不是全然不念旧情。人情冷暖，他是心知肚明的，他也有时忆起故旧，对旧友中那些德行好、有才气的，他是忘不掉的。

有一天，史馆的刘器之来拜望司马光。两人谈完公事后，司马光问刘器之道：“器之，你可曾知道，你是怎样进入史馆的？”“知道知道！若不是君实（司马光）兄推荐，器之将依旧是布衣寒士……”

不等刘器之说完感恩图报之类的话，司马光又问他道：“那你可知我为

何要推荐你呢?”“知道知道!这完全是君实兄有念旧之情……”“哈哈!这点你就说错了!我的故友旧交倒确实不少,如果仅因念旧而荐人,那朝廷里不到处都会有我的旧友?”

刘器之听后一时茫然。他静待司马光说下去。

司马光果然接着说道:“在我赋闲居家时,你经常去我那里。我们在一起谈文论史,各抒己见,有时还争得面红耳赤。回想起那段时光还真有些意思。我当时心境不好,你常常宽慰我、鼓励我。我那时无权无势,能有你这样的朋友,真是幸事!后来我做了官,如今已是宰相,那些过去的泛泛之交,甚至仅见过一面、对答过几句话的人都纷纷给我来信。借叙旧为名行要官之实。可只有你是从不给我来信的人!你并不因为我居高位而生依附之心,你对我一无所求,依旧读书做学问!对失意人不踩,对得意人不捧,这就是你与其他人的最大不同处。我就是冲这一点才竭力向朝廷推荐你的……”刘器之听罢,起身对司马光深深一揖:“君实兄知我,我由此更知君实兄!”

对待那些落魄的朋友,我们同样要嘘寒问暖,不要去落井下石,否则你失去的不仅是朋友,更是你的人性。

俗话说:“患难见真情。”只有在别人危难的时候,方可看出人情的冷暖。倘若在朋友落魄时给予一点帮助,无疑就是“雪中送炭”,他们也定会视你为一生的知己;你的为人也会通过这一点,被旁人看得清清楚楚。

晋代一个名叫荀巨伯的人,得知朋友生病卧床,便前去探望。不料正赶上敌军攻破城池,烧杀掳掠无恶不作,百姓们纷纷携妻挈子,四散逃难。朋友劝荀巨伯说:“你赶快逃命去吧,我重病在身,根本逃不了,更何况我自知已活不长了,跟着你只能拖累你,你赶快离开这里吧!”

荀巨伯并不是贪生怕死之辈,他对朋友说:“我怎么能弃你于不顾呢?你把我看成什么人了?我不辞山高路远来此地,就是为了照顾你。现在,敌军进城,你重病在身,我更不能扔下你不管。”说完转身到厨房给朋友熬药去了。

朋友语重心长地劝了半天,让他快些逃走,可荀巨伯却端药倒水跟没听见一样，他反倒安慰朋友说："你就安心养病吧！不要管我，我不会有事的，我在这里你还有个照应，最起码天塌下来找还能替你顶着！"

这时只听"砰"的一声，门被敌军踢开了，冲进来几个凶神恶煞般的士兵，冲着他们大喊大叫道："你们是什么人？好大的胆子！还敢在这里逗留，你们难道不怕死吗？"

荀巨伯站起身，从容地走到士兵跟前，指着躺在床上的朋友说："我的朋友病得很厉害，根本无法下地走，我怎么可以丢下他独自逃命？请你们快快离开这里吧，别吓坏了我的朋友，如果你们有什么事尽管找我好了。如果要死，我可以替他死，对此我绝不会皱一下眉头。"

原本面露凶相的士兵，对荀巨伯大义凛然的一番说辞和他无畏的态度很是钦佩，语气较先前缓和了许多说："没想到这里还有品格如此高尚的人，这样的人咱们怎么好加害呢？走吧！"说着，敌军就离开了。

可见，一个懂得善待自己落魄朋友的人，不仅会赢得朋友的真心，而且还会为自己赢得生机。可是现实中的不少人总是可以敏感地觉察到自己的苦处，却对别人的痛处缺乏了解。他们不了解别人的需要，更不会花工夫去了解；有的人甚至知道了佯装不知，大概是没有切身之苦、切肤之痛吧！

虽然很少有人能做到"人饥己饥，人溺己溺"的境界，但我们至少可以随时体察一下暂时不得势的人的需要，时刻关心他们，帮助他们脱离困境，当他们遭遇挫折而沮丧时，我们给予他们鼓励。这样不仅维系了感情，而且一旦哪天落魄的朋友时来运转了，这份友情和温情也变得弥足珍贵。

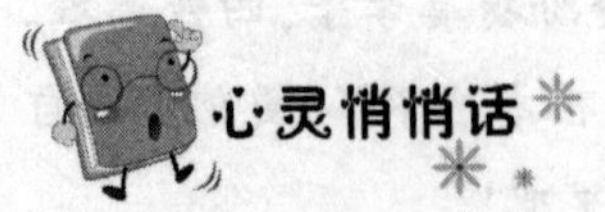

雪中送炭、锦上添花都可落得人情，但两者之价值却有天壤之别。雪中送炭可以给人以温暖，走出困境。也犹如你即将渴死在沙漠之中，别人给你一口救命甘泉一样。但就内心感受来说，给濒临饿死的人送一个馒头和给富贵的人送一座金山，是完全不一样的。

有一颗感恩的心你永远不会贫穷

帮助了别人,别人会对你感恩,你的人际关系将更加和谐,而当你有了困难时,对方也一定会愿意帮助你、回报你,帮你打开成功的大门。所以,请记住这一点:**一颗充满感恩的心是你一生的财富。**

一位哲人说:"一个不肯助人的人,他必然会在有生之年遭遇到大困难,并且大大伤害到其他人。"是的,人要想在社会上生活是不可能脱离周围这个世界的。你的衣食住行,你的工作娱乐,无不与别人存在着千丝万缕的联系;你的一言一行,你的一举一动,无不对别人产生或大或小的影响。我们必须认识到"我为人人,人人为我",人与人"相互支撑"是社会生活的法则,从而学会助人,乐于助人。如果你撑一把伞给我,我撑一把伞给你,我们就能共同撑起一个完整而和谐的世界。

王璐刚刚失恋了,眼看着相恋三年的恋人离她而去,她的心感觉像死去了一样。但,这时她毕业在即,决心打起精神找工作。

在一次求职面谈中,她认识了一位温和可亲的大姐。这位大姐已经是那家大企业人力资源部经理了,她比王璐早几年毕业,凭着自己丰富的人力资源工作经验,她有双"目光如炬"的慧眼,一眼就看穿了王璐的心事。

这位大姐诚恳地劝王璐:"与其让自己沉溺在一段逝去的感情中,不如找一份有挑战性的工作。好好冲刺,重新发现自己的潜力,让别人看到不同于以往的你,将来会有更多、更好的伴侣出现在你的身边!"

王璐谨记这位善良大姐的劝告,把全部精力都投入到了工作上。半年多下来,她就做得有声有色,感情的阴霾也渐渐离她远去。一个周末,公司的 KTV 庆功活动结束之后,她走在回家路上,脑海中突然浮现出大姐的身影,心中满是感激。于是,她彻夜不眠地打了一封很长的电子邮件,寄给那位大姐。信中谈到了自己半年来在职场上打拼的成果，以及目前的工作情况，同时向大姐表示了自己的感谢。

从那一次开始，两人就用电子邮件来往。虽不是经常联系，但每隔一段时间，就会交换彼此的问候。一年以后，已经升任为人力资源部长的大姐，突然打电话给她："现在公司业务部有个主管职缺，高层决定实行公开招聘，择优录取，你要不要来试试？"

经过几次的面谈，王璐在众多竞争者中脱颖而出。这时的她，诚心地向这位大姐道谢："你真的是我生命中的贵人！"

这是一段流传很广的职场故事，凡是听到这个故事的人，都常常感叹："这女孩真是幸运！刚刚参加工作，就能碰到贵人。"其实，与其说王璐比别人幸运，倒不如说，她比别人更懂得感恩。

当别人给予你某种帮助时，一句感谢的话，不仅能拉近双方的距离，也会成为双方更深入交往的起步点。就像上面的故事，如果王璐把那位"关键时候拉过自己一把"的大姐忘得一干二净，只顾自己做自己的工作，也许，这样的贵人、这样的提升机会，她永远都不会再碰到了。

现在的孩子多半都是独生子女，由于父母总是愿意为他们处理一切事情，极易使他们形成一种索要的习惯。甚至在他们参加工作之后，也总是自以为别人都应该"天经地意"地对自己好一些。即使是有了一点小小的"不如意"，也喜欢抱怨来、抱怨去，却很少想到感激别人。

所以，当有一位年轻人踏入社会之前，他的父亲什么也没有多说，只是告诫儿子："遇到一位好老板，要忠心为他工作；假如第一份工作就有很好的薪水，那算你的运气好，要努力工作，感恩惜福；万一薪水不理想，千万不要抱怨，要懂得在工作中磨炼自己的技艺。只要你懂得感恩，你就会受到大家的欢迎，你才能有良好的人际关系。你一定要记住：不懂得感恩的人，是绝不会有机遇的！"

有一位智者曾说："我们天天都在索取——向人群索取声名，向市场索取财富，向爱人索取幸福，向保健品索取健康……什么时候你知道了感恩和回报，你就能好好地生活下去。"

而著名决策咨询专家王力，则这样谈到"感恩"的重要性，他说："感恩

有利于'降噪',因为年轻人容易浮躁;感恩可以减压,因为年轻人'找不到北'的时候容易压力大;感恩可以让你慢慢地升温,感恩可以让你慢慢扩容。"王力甚至否定"性格决定命运"的说法,他认为:人有了感恩之心,就会有"第二性格",也会由此改变自己的命运。因为感恩的"直接功能",能提升一个人的人品,从而进一步提升一个人的"人脉关系"。

如果你能经常滋养自己的感恩之心,你就会发生潜移默化的变化。你会在不知不觉中,悄悄地做大了你的人脉。而一个常常心怀感恩的人,他的人脉,也会悄悄地扩展到社会的任何一个角落。不论是生活还是工作中,怀有一颗感恩的心,就会获得别人的好感,人们就会善待他,帮助他。

第五篇

择友要慎重

古人说，君子交友先选择而后交友，则少忧；小人先交友而后选择，则多怨。交友有三宜：同正直的人交友，同讲诚信的人交友，同学识渊博的人交友，不但能天长地久，而且能终身受益……

所以，在编织自己的人脉关系网的过程中一定要谨慎，与周围的人交往时要擦亮你的眼睛，仔细甄别他们对你是有益还是有害，只有亲近“益友”，远离“损友”，才能顺利地达到自己的目标。与那些优秀的人长期交往，你会受到良好的影响，长时间地耳濡目染、潜移默化，会让你成为一个优秀的人。

你想成为什么样的人

近朱者赤近墨者黑

在生活中,不管你是商界领军人物,还是一个普通的职员,都不可避免地会受到周围朋友的影响。所以,不要怀疑,只需5个朋友,便能很大程度地看出你的“财富指数”。

杨杰的老家在山西农村,他从家乡的一所普通大学毕业后,就怀揣着梦想来到了上海。他在上海无亲无友,四处奔波后,终于找到了一份月薪2400元的工作。但是,这点儿收入根本不够自己的日常开销,每个月除了房租、吃饭的花费外,几乎没有剩余的钱做其他的事情。

为此,杨杰就想出去寻找更好的发展机会,他找来朋友刘翔商量,刘翔的收入是每月2000元左右。他听了杨杰的想法后,就劝他说:“你的工资比我的还多呢,别再瞎折腾了,现在工作多难找呀,你拿得已经不少了,就知足吧!”杨杰想想,也认为朋友说得对,觉得应该知足,毕竟自己刚来上海,能拿这份收入应该是不错了。

后来,一次偶然的机会,杨杰遇到了在上海发展得比较好的朋友许青,才知道许青的月收入已经过万元。杨杰就将自己要换工作的想法告诉了许青,许青鼓励他说:“你有这样的想法是好的,不应该安于现状,应该要想办法争取更好的机会。不过,你不能盲目地换工作,要对自己以后的职业生涯进行规划,先积累经验,平时要多充电,充实自己的资本。”在许青的鼓

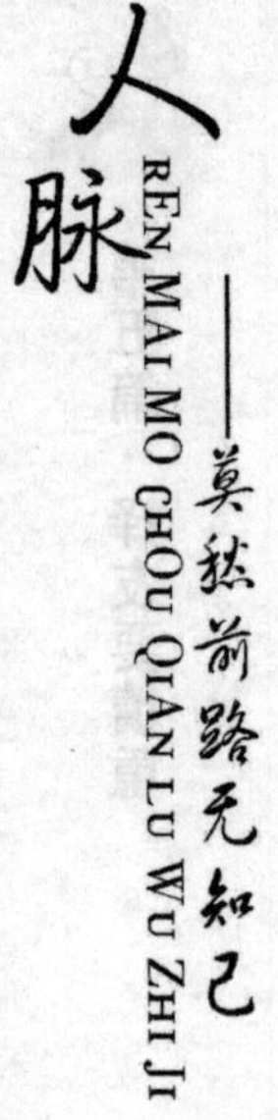

励下，杨杰满怀信心地开始对自己的职业生涯进行了规划，工作也更加卖力，以争取更好的发展机会。

半年后，杨杰由于工作成绩突出，升职为经理，月薪涨到了 3500 元。一年后，他凭借自己积累的工作经验，跳槽到了一家更为著名的公司。月薪也涨到了近万元。

与什么样的人在一起，你就会成为什么样的人。多数人之所以穷，是因为他们喜欢与贫穷的人在一起，排斥与富人交往。久而久之，心态就成了穷人的心态，思想也自然成了穷人的思想，做出来的事情也只是按照穷人的模式。

同样，如果一个穷人能够经常与富人打交道，久而久之，也就养成了富人的处世习惯、思维方式，慢慢地他就会彻底地脱离贫穷阶层。

识人从细微处入手

现代人在交往的过程中，为了达到一定的目的，往往会戴着各种各样的"面具"，若是无法识别"面具"后的真相，就很容易交到损友。因此，在与人相处时一定要时刻擦亮自己的眼睛，要善于识人于细微之处，看出对方的庐山真面目。

"细节观察"是现代社会常用的识人辨人的方法，尤其是在生意场上，有一些辨人识人的高手，他们很善于观察人，能够通过细微之处读出一个人与众不同的地方，或是一眼就能够看出对方的意图，最终判断此人是否是可交之人。

这类高手之所以能从细节之处读懂别人的心理，是因为他们具有较强的思维能力、辨别能力等，一个人如果没有一定的经验和阅历是很难做到的。但是，辨人识人之术也是有规律可循的。

一般来说，想成为能辨人于细微之处的人，可以从动作和语言两个方面去下功夫。

1. 从动作上辨人识人

有时，一个不经意的动作，可能就会暴露出其心理活动。比如一个总爱掰手指节的人，一般都是爱动脑筋、有心计的人，他们在工作上能够提出独树一帜、别具一格的建议。再比如，一个习惯跷二郎腿的人，通常都是自命不凡的人，这类人往往较为自负，不过也很有主见。总之，只要你仔细观察，便可以从一些小动作、小习惯之中读出对方的心理，然后就可以判断出对方是否是可交之人了。

2. 从语言上辨人识人

不同性格的人，所用言辞也是不尽相同的。比如有的人在说话时总会加上“我认为”“我感到”“我想”等字眼，这类人大都是比较自以为是、刚愎自用的人。有些人说话总爱言过其实，这类人是不诚实的人，不可大用。总之，语言是展示人类思维的工具，所以，语言也是辨人的重要依据。你可以从对方的言外之意或者说话习惯上去辨别对方的性情、品性，从而判断对方是否为可交之人。

什么样的朋友才是好的朋友？每个人都有不同的标准，只要你好好观察，利用正确的方法去辨别朋友，一定能够知晓哪些朋友是不可交之人，哪些朋友才是值得你结交的真正朋友。

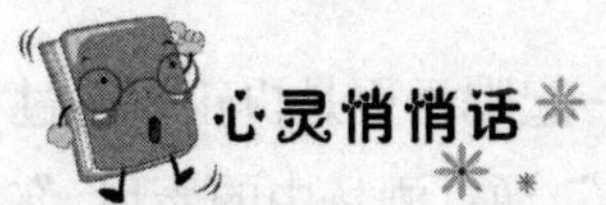

与那些优秀的人长期交往，你会受到良好的影响，长时间地耳濡目染、潜移默化，会让你成为一个优秀的人。有一些辨人识人的高手，他们很善于观察人，能够通过细微之处读出一个人与众不同的地方，或是一眼就能够看出对方的意图，最终判断此人是否是可交之人。

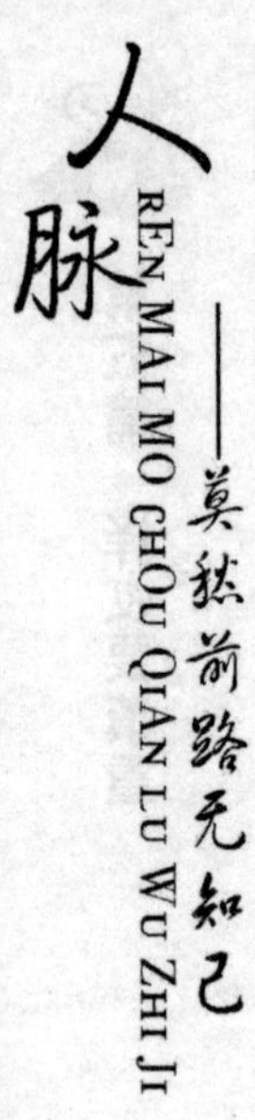

亲戚是上帝赐的，朋友是自己选的

在实践中识别真伪朋友

在实践中识别真伪朋友，要将方法运用得恰到好处。不要以破坏朋友之间的情谊为前提。如果弄巧成拙。错失了真正的好朋友。那可就得不偿失了。

了解了真正朋友的标准后，就要在实践中用各种方法去识别真伪朋友了。可以从以下几个方面着手去做，便基本可以识别出真伪朋友了。

1. 酒后显真性

有人说“交际场中有一半是酒场”，与朋友在一起喝酒更是再正常不过的事情了。大家都知道“酒后吐真言，酒后露真情”，通过酒场中的表现，你就可以了解到一个人的真性情。

有的朋友会在酒后喋喋不休，把该说的和不该说的都一吐为快；有的朋友会控制不住自己“耍酒疯”，等等，为此，你可以利用这个机会去观察朋友的真性情和真为人，以此来判断他是否是可交之人。

2. 以利试义

观察一个人是否讲义气，对朋友是否忠心，你不妨许以小利，然后再观其反应。如果他是见利忘义之徒，或者是利欲熏心者，最好不要与其结交。这种人往往以“人为财死”为自己的处世原则，一旦涉及个人的利益问题，便不惜朋友之情。与这样的人成为朋友，很难保证他在更大的利益面前不会出卖你。

3. 与之相约

考察你身边的朋友是否讲信誉，不妨与其达成一个约定，并交给他一项重要的任务或者是一件颇有难度的事情，看对方是否能够在约定的时间内完成，用这样的方法便可以知其信用程度。

4. 观察他身边的人

"物以类聚，人以群分"，通过观察朋友身边的人便可以知晓他是一个什么样的人。同时，你也可以听听他身边的人是如何评价他的，有了这些侧面的了解，你就会对他的为人有个大致的了解了。

以上几种方法，可以帮你大致地辨别出你周围的真伪朋友。不过，以上的那几种方法要用得恰到好处，不要以破坏"朋友"之间的情谊为前提。如果弄巧成拙，错失了真正的好朋友，那可就得不偿失了。

共患难的人才是真正的朋友

在编织人脉关系网的过程中，既会遇到真诚的朋友，又会遇到阴险的朋友。能否判别出朋友的真伪、好坏，是人脉关系能否对你发挥出有利作用的关键因素。

判断他人是否是你的真朋友，关键是不仅要用眼睛去看对方一些外在的表现，还要用心去感受他与你交往的真正目的。德莫克里特曾说：**"许多表面看起来像朋友的人其实并不是你的真朋友，而表面上看起来不是你朋友的人其实就是你的真朋友。"**大剧作家莎士比亚也曾指出："朋友之间必须是患难与共的，有些人对你恭维不离口，可全都不是患难朋友。"

在公元前4世纪，意大利的一个叫皮司阿休的年轻人不小心触犯了残暴的国王犹奥尼索司，被判处以绞刑。皮司阿休是个孝子，他身在异乡，临死前想回到家中与父母做最后的诀别，但是始终没能得到国王的允许。

皮司阿休的朋友达蒙见他是为了回家行孝，就当即向国王请求说："若皮司阿休不能够如期赶回来，我可以替他服刑。"如此这样，国王才勉强应

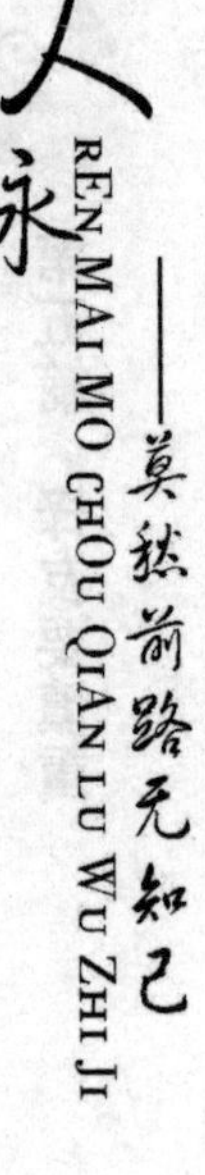

允了他的请求。但是,行刑之期已经临近了,皮司阿休却还杳无音信。当时的人们都嘲笑达蒙太傻了,竟然敢用自己的生命来帮助朋友。

临刑之日如期来临,当达蒙被带上绞刑架之时,在场的人们都悄无声息地等待着这一幕悲剧的来临。突然,远方却传出了皮司阿休的声音,他飞奔在暴雨中向众人高声喊叫:“我回来了!”随即就泪流满面地拥抱着好朋友达蒙,与他做最后的诀别。这时候,在场的所有人都泪流满面,连国王也被这一幕感动了,随即就赦免了皮司阿休的罪行。

在皮司阿休受难时,达蒙能够勇于舍弃生命为他承担风险,这才是真正的朋友。生活中这种可以用灾难甚至是生命检验的友情毕竟很少见,但是,你可以从日常生活的点点滴滴中体会到与自己交往的是否是自己真正的朋友。

一般情况下,一个永远对你不离不弃的好朋友应该至少具备以下三个条件。

1. 他永远是你的“拉拉队”

一个好朋友,他不管在任何条件下,都会善意地支持你的正确决定,并会主动去帮助你实现你的人生梦想。他会舍得在你的身上投资,让你有更好的发展,同时也会真心地希望你取得成功。就算你成为他的竞争对手,他也不会嫉恨你,而且还会十分理性地将之视为一种你们共同成长的珍贵历程。

2. 他永远是你的“开心果”

当你的情绪处于抑郁、焦虑状态中时,你真正的朋友可以很快地让你恢复常态。因为他与你有着共同的志趣,与他在一起消磨时光,你会感到无比的快乐与兴奋。他会努力地让你知道挫折是人生必经的一个阶段,慷慨地贡献自己的时间,帮你找到你自己的优点,甚至还愿意牺牲他自己来帮助你重新找到人生的目标。

3. 他永远是你的“心灵导师”

当你对人生感到彷徨、对未来感到迷惘时,真正的朋友可以给你建议并会为你指引方向,他会帮助你分析你的优势与不足,可以与你分享自己最隐秘的心事与梦想,并且告诉你如何去达成自己的人生目标,在他们面

前，你可以放心地做真正的自己。

有一个十分有趣的调查数据表明，真正的好朋友还会关心你的健康，如果你的好朋友是个注意饮食健康的人，那么，你也可能会因此而注意自己的身体健康。所以说，身边有几个真正的好朋友的好处是极多的。现在你就赶快地想一想，你的人生中会有多少个对你不离不弃的好朋友呢？

路遥知马力，日久见人心，困难是检验真伪友谊的分水岭和试金石。真正的友谊不是挂在口头上的。只有在患难的时候，才能看见朋友的真心，这叫作患难见真情。

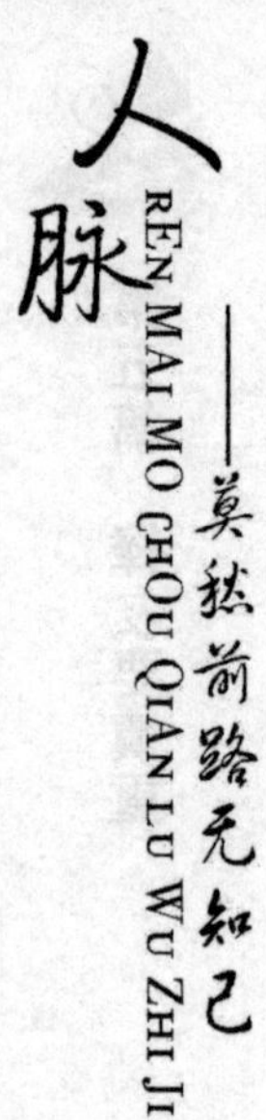

好的人脉让你走得更远更顺

善于结交对你有关键作用的人

现实社会中，各种关系网盘根错节，每一件事情都交织在错综复杂的关系网中。你想要让事情办得更为顺利，就要善于从这些关系网中找出那些能对事情起关键作用的人物，只要与这些人处好关系，就能够使你脚下的路走得更为顺畅。

张红从单位下岗后，就一直想做房屋中介的工作。她想，来租房的人经常会向小区的警卫询问，如果能与附近小区的警卫搞好关系，那么，就不愁自己没有客源了。

为了与附近小区的警卫搞好关系，她每次在逛超市回家时，都会买些饼干之类的东西送给门口的警卫。逢年过节还会给他们送红包，平时有吃的还会与他们分享。就这样，慢慢地，她与附近小区的警卫都建立了很好的朋友关系。

就这样，警卫们都很愿意帮助她，每当门口有人来租房，他们就会把张红的联系方式给对方，并让他们去找张红。张红的生意因而也一下子火爆起来，着实赚了不少钱。

张红的成功经历说明：不管你周围的朋友有多少，只要善于抓住那几个能对你起关键作用的人，就能够获得成功。对于张红来说，她很清楚自

己周围的哪些人能对自己发挥出效能，然后就有意识地与周围的这些人结交，最终顺利地达到了自己的目标。

你周围的关系网好比是一条八脚章鱼，每一只脚在每一天、每一分钟都在不停地集合、交错，只是自己经常不自知、不去在意，所以经常会与能够帮助自己的贵人擦肩而过。所以，在平时的生活中结交朋友，不一定要看对方有多么显贵的身份或是有多么雄厚的经济实力，关键是要看对方是否能够在关键时刻对你发挥效用。因为在适当的时机，任何一个普通人都有可能扭转你的乾坤，成为你生命中的大贵人。

董伟在一次出差时，在飞机上与邻座的张艳聊了起来。张艳以前是律师。后来经过自己的不断努力开起了公司。董伟想：这么有能力的人，自己应该多向人家学习才是。于是，就主动与张艳交谈起来，谁知两人越聊越投机，到达目的地后，还互相交换了名片，想以后继续保持联系。

几个月后，恰巧董伟所在的公司倒闭了，他在外面找了很长一段时间的工作，也没有碰到十分合适的，心里十分着急。有一天，他忽然想起了张艳，于是就给对方打了个电话，说明了自己的情况，张艳随即就说自己朋友的公司正在招人，那里的岗位可能很适合董伟。一个星期后，董伟就顺利地找到了新的工作。

董伟的经历也说明：在生活中其实有很多对你有用的人，只要你悉心观察，就能够发现一些切实能为你办事的人。只要你与这些人搭上关系，就能够走出困境或者改变你的命运，使你的人生之路走得更为顺畅。

交友必择，取友必端

古人说：“交友必择，取友必端。”我们在交友的时候也应该要谨记。因为，朋友有很多种，如果在交友的过程中，我们不慎重选择就会给自己带来诸多的麻烦，甚至会使自己付出“沉重的代价”。

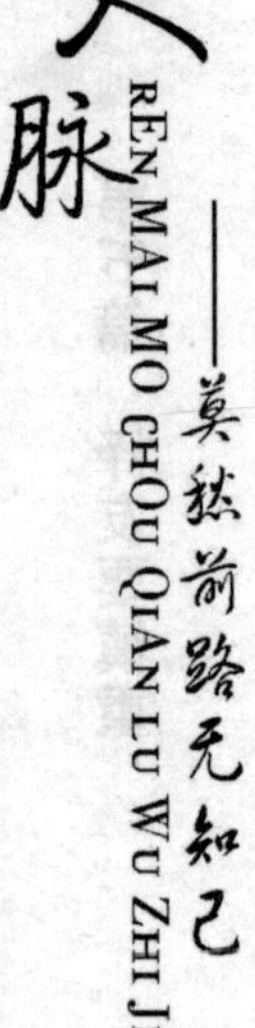

1. 自私自利、见利忘义者不可交

有福同享，有难同当，这是交友必须要遵循的一项原则，但是在现实生活中，你可能会遇到这样的“朋友”：事事向你伸手，做什么事情只顾及他自己的利益，得到你的好处后转头就忘。与这样的人做朋友，你会付出极大的代价。因为，与这样的人交往，你首先要源源不断地给他施予利益，而他却不会念及你的好，这样的朋友只会拖累你一生。其次，这类人大多都是利欲熏心之徒，一旦遇到能给予他更大利益的人，很有可能会背叛你，将你的恩义忘到九霄云外。这样的朋友是不值得你结交的，所以，如果发现自己的周围有这样的朋友，就要赶快把他的名字从你朋友的名单上坚决地去掉。

张丰与晓雷是多年的朋友了，平时晓雷是个挺随和的人，两人虽交往不多，但是却一直保持着要好的朋友关系。

有一次，张丰想装修房子，得知晓雷在工程装修行业一直做得不错，就想请他过来帮一下忙。晓雷当即很兴奋地答应了他的请求，说这点儿忙他在行。应该过来帮。本来两个人关系一直处得比较好，所以张丰在开工前就没有与晓雷提工钱的问题。同时，晓雷也一直说是过来帮忙，张丰想如果把工钱说在前面，怕晓雷误会说看不起他。

但是，当工程完毕后，晓雷却向张丰开出了比市场价还要高一倍的价，而且还乐呵呵地说：“咱们关系一直不错，只收点儿工本费！”张丰这下傻了眼了，本来想让朋友过来帮忙想便宜点，没想到反倒要价比原来在装饰公司的预算还要高出许多。张丰不好意思地对晓雷说：“这个价是不是太高了？”而晓雷却立即翻了脸，最后张丰只好吃了这个哑巴亏。

生活中，像晓雷这样的朋友是不能结交的。要知道，世界上每个人都会为自己打算，但是，一个明事理、有道德的人是不可能不考虑他人而只顾及自己的私利的。同时，这些自私自利、见利忘义的人最容易伤害他们与熟悉、亲近的人。因为与他们越亲近，他们就越会利用这种亲近处心积虑，想方设法去占便宜。有时候为了一点蝇头小利，甚至会不惜背叛朋友来满足自己的欲望。与这样的人做朋友，不仅会使自己吃亏上当，还会给自己

带来不必要的麻烦。

2. 狡诈虚伪、恩将仇报者不可交

狡诈虚伪、恩将仇报者是典型的小人。与这类人交往，即使你对他有恩，他也丝毫不当回事，因为在他心里，你是不重要的，而且会认为你帮他也是应该的。

这类人最擅长的就是在别人背后"捅刀子"。表面上，他看起来是那么的和善、有诚意，对你又是那么的关心，你可能会感动得恨不得把一切都告诉他，把自己的一切都给他。而一旦你与他的利益发生冲突，他就会狠狠地踩你一脚，让你防不胜防。

赵青从小失去了父母，他的养父母花了几十年的心血将他养大，并供他上了大学，大学毕业后还给他找到了一份很好的工作。

为了供赵青读书，他的养父母背了很重的债务，后来为了还清债务，他们过度劳累而得了重病。养父母治病花光了家里所有的积蓄，在走投无路的情况下，他们便让自己的亲生孩子去向赵青借点儿钱。但没想到的是，赵青却忘恩负义，他知道老人的病无法治好，便只给了老人的孩子100元钱，还说道："今后不要再来找我了！"

赵青的行为受到了邻居的谴责，赵青却跑到医院对养父母大发雷霆。同时，还背地里将老人在老家的房子卖掉，让老人无家可归。

滴水之恩，当涌泉相报，这是做人的基本常识。对施恩的人都不懂得去回报，那么，你还指望他能帮上你什么忙呢？与这类人交朋友，其实就是在自掘坟墓。

3. 好赌、好色者不可交

如果你的朋友中有一些生性好赌或者好色之人，那么你一定要与之保持距离，否则，你很有可能会被他们拉下水，染上赌瘾或色瘾，最终落得众叛亲离的下场。

张杰有个名叫刘翔的好朋友，此人是个好赌之徒，平时张杰与他走得很近，因为他总认为好赌不算是什么大的问题，只要自己不与之同流合污

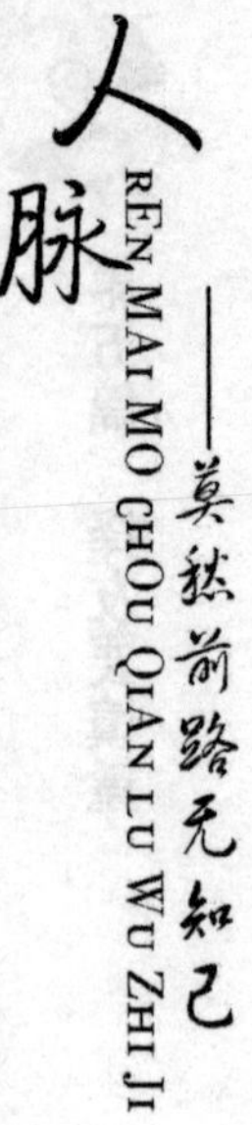

就可以了。

后来，两人一起去澳门旅游，刘翔让张杰陪他一起去一家大的赌场看看。张杰想自己只是进去看看，也不碍什么事儿。可是，刘翔进去后，赌瘾就犯了，他对张杰说："咱们这次到澳门一直挺走运的，说不定还能发一笔财回去呢。"于是就极力地建议张杰试试手气，张杰也抱着试试看的心态参与了赌博，但是，不到3个小时，就输掉了他全部的现金。当时张杰十分懊悔，可刘翔却对他说，赌博哪有不输的道理，不过没关系，再赢回来就可以了。张杰也很想把自己的钱赢回来。于是又借了一些钱继续赌，结果不但没有翻回本，还都给输掉了。

从澳门回来以后，张杰心中一直愤愤不平，总想着把那些输掉的钱给捞回来。为此，多次参与赌博，最终越陷越深，一发而不可收，他天天不思进取，把工作也辞掉了，不到一年时间就把家里的财产全都输光了。

与刘翔这样的赌鬼朋友走得太近，终不会落下什么好的下场。赌博害得多少人家破人亡、家道败落，而人一旦嗜赌成性，便会走火入魔，陷入赌博的泥潭而不能自拔。

其实，与好色者交往也是一样，与他们在一起，他们整天会向你大谈他的风流韵事，让你不知不觉地染上色瘾，使你丧失理智、变得堕落、不求上进，最终也只会毁了自己。

4. 酒肉朋友不可交

酒肉朋友一般是指那些只注重吃喝玩乐、不干正经事的朋友。那些只顾吃喝玩乐的朋友，一般都是自私自利、爱贪占小便宜的人，所以，与这样的人交朋友，也不会有什么好的结果。

在很久以前，张三和李四是一个镇子上的邻居，张三家是开酒坊的，李四家是开肉铺的。

张三想："若能与李四交个朋友，那到他家中割肉岂不是不用花钱了？"而没想到李四也在盘算："我若与张三成为好兄弟，我们在一起喝酒，就可以不用掏酒钱了。"两人各怀鬼胎，所以，一拍即合，就立即成了好朋友、好兄弟。

为了达到各自的目的，两个人几乎天天在一起喝酒、吃肉，还真的是十分亲密，被人们称之为很好的“酒肉朋友”。后来，两个人还合伙外出做生意赚了大钱。到了年关的时候，两个人就将银子包在一个大包袱中往家赶。

一天晚上，他们路过一个庙里过夜，张三说：“到家了，咱们俩应该好好地庆贺一下。”李四也连连赞成。于是两个人就分了工，一个去打酒，一个去买肉。张三就想：“如果这包银子都归我该多好呀，真舍不得分出一半给李四。”于是，他便买了一包毒药放进酒壶中。李四也这样想：“我如果能得到那么多的银子，后半辈子就不用再卖肉了。”于是，他也买了一包毒药，放进肉中，最终两人同归于尽。

张三与李四只把友谊当成一种酒肉交易，这样是不可能结交到真正的朋友的，这样的友谊是经不起任何考验的，最终只能落得十分可悲的下场。所以，你应该仔细观察你的周围是否有这样的朋友，如果有，就赶快将他从你的人脉网中驱逐出去。

以上所说的4种人是不可结交的。在生活中，许多人也知道这4种人不可结交，但就是不能准确地判断出来，所以说，要知道哪些人不可交，其关键就在于要根据他们的一些表现去认清他们的本性，然后作出理性的判断，与不可交之人断绝来往，只有这样，才能让自己免受其害。

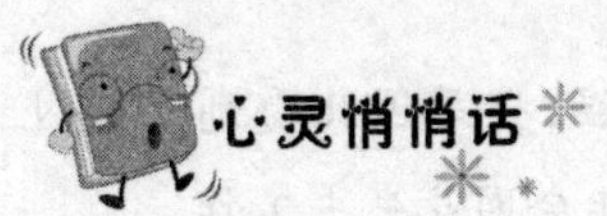

心灵悄悄话

在平时的生活中结交朋友。不一定要看对方有多么显贵的身份或是有多么雄厚的经济实力。关键是要看对方能否在关键时刻对你发挥效用。不好的朋友会给你带来诸多麻烦，甚至是恶果。现实生活中，有些朋友你要远离，否则将会给你带来不良，甚至是灾难性的恶果。

有些人你要特别表示感谢

为了你的成功或者事情进行得更为顺利，他们从不计较个人利益得失。总是心甘情愿、诚心诚意地为你提供帮助，这些人你要对他们表示特别的感谢。

对于这类朋友，要对他们表达特别的感激之情，主动地对他们表示友善，积极地给予他们关心，无私地与他们建立友情，这些人是：

1. 替你承担责任、"挨板子"的人

有些朋友，能够在你最危难的关头挺身而出，帮你分担眼前的困难，甚至为你承担一部分损失或者是责任，这样的行为能证明这种朋友已经把你当成了休戚与共的知己，他们可以为你付出而不计回报。这类朋友每个人都不会太多，所以如果你有幸拥有这样的朋友，一定要懂得珍惜。

任强和李刚的关系一直不错，他们同在一个单位，所以平时有了更多的接触机会。

有一次，李刚在工作上犯了一个很严重的错误，公司因此受到了超过30万元的损失。如果李刚负全责的话，他很有可能会因此失去工作。

其实，李刚的工作能力一直以来都深受上司的认可，上司也并不想辞退他。但是，公司的规定就摆在眼前，上司虽然想留下他，却也无能为力。

关键时刻，任强站了出来。他主动承担了一部分责任，而李刚的上司也因此找到了个台阶下，留住了李刚。

事后，李刚专门去感谢任强。但是任强却很严肃地对他说："你不要以为咱们是朋友我才这么做，关键在于，我知道如果我不帮你的话，既是你的损失又是公司的损失。我希望你以后能改正自己的缺点不要再犯这类错误。"

听了任强的话，李刚心里对这个朋友顿生敬意，他们的关系也从此更好了。

像任强这样能够在关键时刻出面来帮你承担责任的朋友，替你“挨板子”，你不应该对他心存感激吗？这样的朋友是你的守护神，有他们在你身边，你很少会受到伤害。为此，对于此类朋友，你没有理由不对之心存感激、不与之深交。

2. 替你清理善后、“扫尾巴”的人

这类朋友的思维总是很敏捷，而且还很无私、大度，不论什么事情他们总能为你考虑得很周全，能够想你想不到的事情，做你忘记做的事情，有他们在你的身边，就等于帮你弥补了平时的一些过错，让你变得更完美。

与这样的朋友在一起，你永远不必为自己的粗心大意而烦恼，也永远不必担心自己有什么事情做得不够完善。所以，对此类朋友，你也没有理由不对其心存感激。

晓彤的工作能力很强，但是她有个最大的毛病，就是“忘性”特别大。比如说她手头某件事情做到一半的时候，领导让她去做另一项工作。她回过头来就把当初那项已经做到一半的工作给忘记了，到最后误了许多事情。到月末绩效考核的时候，上司总是会对晓彤摇头道：“要你做的工作你为什么都要留个尾巴？真不知道你每天坐在这里都在想些什么！”

晓彤的同事刘玲从事的是秘书工作，由于她工作效率比较高，而且工作也相对比较清闲，所以经常会抽出时间来帮助晓彤。总能帮她清理一些善后工作，有时帮她打印没打印完的文字材料，有时会帮她整理早已被她忘记的不完整的会议记录……

这样一来，晓彤的工作绩效顿时提高了许多，每到月末考核的时候，在同一级别的同事中，她的业绩总是最高。但是她心里很清楚，这都是好友刘玲的功劳。

晓彤正是有了刘玲这样一位肯为自己“清扫尾巴”的朋友，才使工作进展得更为顺利。所以，像刘玲这样无私的朋友，是值得深交的。

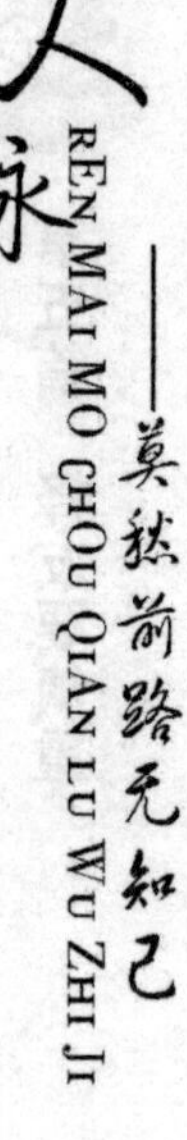

3. 替你“装点门面”的人

这类朋友考虑问题时总能从大局出发，同时也比较细心。在一些大场合，总能够悉心地替你整理现场，帮你“装点门面”，使你的工作进行得更为顺利。与这样的朋友在一起，你能够风光十足、信心百倍地完成自己的事情，并能顺利地达到自己想要的结果。

李涛是某医药总公司的销售部经理，所以，平时免不了要参加或举办一些大型的社交会议。但是，他本人平时却总是很粗心，不讲究穿着，即使在自己亲自负责举办社交酒会的时候，也不太注重场面的一些细节问题。张波是另一家医药公司的主要销售负责人，与李涛是同行，也是好朋友。平时看到李涛在穿着方面不拘小节，便时常提醒并帮助他。有时候会去商场帮他挑选合适的套装，帮他租借名贵的汽车，为他“装点门面”，让李涛在众人面前树立了良好的形象，工作自然进行得比较顺利，业绩也在不断攀升。

在李涛负责本公司举办会议的时候，李波也总能亲自到场帮他整理现场，帮他支撑起大的“门面”来。如此，让李涛在众人面前增色了不少。

李涛周围的朋友都说他是个讲场面的人，而只有李涛自己知道，这些都少不了张波的帮助。

如果你周围有像张波这样无私的朋友，就一定要好好地感激他，并诚心地与之建立友情，因为他的确可以成为你事业成功的“助推器”。

4. 替你考虑利害关系、“敲警钟”的人

这类朋友机智、聪明，且有较强的危机意识，他们总能从一些普通的事情中替你考虑一些你想不到的深层次的利害关系，并能推心置腹地为你敲响警钟。也许这种朋友所说的一些话你并不爱听，但是正所谓“忠言逆耳”，如果你因为不能倾听别人的相反意见而失去这样的朋友，将会是你最大的损失。

战国时齐国有个大臣叫邹忌，此人相貌俊朗、身材魁梧，是当时有名的美男子。

有一次，邹忌问他的家人："我与城北的徐公相比谁更美呢？"这位城北的徐公也是当地有名的美男子。他的家人说："还是你更美。"第二天，一位客人从外面来拜访他，邹忌与他坐着闲谈时问客人："我与徐公谁更美？"客人说："徐公当然不如您美啊。"

几天后，邹忌在外面偶然见到了徐公，他仔细地端详徐公，认为自己远远比不上人家。他知道自己的家人和朋友都是因为讨他欢心才这么说的。

为此，邹忌就上朝拜见齐威王说道："我确实知道自己不如徐公美。但是家人和客人都是因为讨好我，才捡好听的话来奉承我。如今的齐国，土地纵横千里，有100多座城池，宫中的妃子及您身边的近臣，没有不偏爱大王的。他们也会只报喜不报忧，大王所受的蒙蔽一定很厉害了！所以，您一定要有接受不同意见的胸襟。"

国君听了邹忌的话之后，果然大开进谏之门。没过几年，国家就富强了起来。

在这个故事中，出现了两种人，一种人像邹忌的家人那样，他们报喜不报忧，只会说漂亮话，这些话除了能恭维你、讨你欢心之外再没有其他的作用。另一种人就是邹忌这种人，他们说的话虽然有时并不好听，但是却指出了你身上存在的一些关键问题，可以帮助你获得提高。所以说，这类朋友可以称得上是你人生道路上的"指南针""护身符"，如果你的周围有这样的朋友，一定不要错过，要将他们纳入你人脉网的"紧密层"中！

适当地赞美别人的优点、长处，这种赞美必须是诚心的，而不是为了阿谀奉迎而故意夸大的虚假的赞美。交友时，如果能很好地使用这一条，对于促进人际交往的和谐、发展大有裨益。

多向成功的人靠近

我们在阅读名人传记时，会发现这些成功的人士背后都有深厚的社会背景，查一查这些科学界、政治界、金融界的名人家谱，都可以看到周围雄厚的人脉资源和政治资本。实际上，有许多的人际关系就在我们身边，只是有许多人不知道去利用这些贵人罢了。

人类是以社会形态生存着的，在我们每个人的一生中都会有很多朋友，他们在各行各业占有一席之地，也许某天就成为我们自己的贵人。贵人是根据我们发展的不同阶段而变换的。因此，我们需要建立一个良好的关系网，来帮助我们寻求不同阶段的不同贵人。有时候，你距离目标只有一步之遥，而关键就在于你能否找到实现目标的资源。克富洛夫说：**"现实是此岸，理想是彼岸，中间隔着湍急的河流，行动则是架在河上的桥梁。"**现代社会里，人脉又是行动必需的桥梁。如果我们想要把"也许伟大"的想法付诸行动，就必需寻找贵人的帮助。

特别是你在创业中，或是事业正处于成功的前夕，遇到了困难或是意外的事，已远远超出你的能力范围，你面临的或是不能继续创业，或是已付出的精力、财力的事业将半途而废，这时，如果有贵人帮你一把，你就能获得成功。瓦特发明蒸汽机的事例充分说明了成功是离不开贵人相助的：

1736年，瓦特出生在英国苏格兰格拉斯哥市附近的一个小镇格里诺克。1756年，他来到格拉斯哥市，想当一名修造仪器的工人。由格拉斯哥大学教授台克介绍，他才进入格拉斯哥大学当了修理教学仪器的工人。这所学校拥有较为完善的仪器设备，这使瓦特在修理仪器时认识了先进的技术，开阔了眼界。此阶段，他对以蒸汽做动力的机械产生了浓厚的兴趣，开始收集有关资料。为此，他还特意学会了意大利文和德文。在大学里，他

认识了化学家约瑟夫·布莱克等人,并从他们那里学到了很多科学理论知识。

1764年,学校请瓦特修理一台纽可门式蒸汽机。在修理的过程中,瓦特熟悉了蒸汽机的构造和原理,并且发现了这种蒸汽机的两大缺点:活塞动作不连续而且慢;蒸汽利用率低,浪费原料。以后,他开始思考改进的办法。直到1765年春天,一次散步时他想到纽可门蒸汽机的热效率低是蒸汽在缸内冷凝造成的,为什么不能让蒸汽在缸外冷凝呢?他产生了采用分离冷凝器的最初设想。同年,他设计了一种带有分离冷凝器的蒸汽机。从理论上说,他的这种蒸汽机优于纽可门蒸汽机,但要变为实在的蒸汽机,还要走很长的路。他辛辛苦苦地造出了几台蒸汽机,效果反而不如纽可门蒸汽机,甚至四处漏气,无法开动。耗资巨大的试验使他债台高筑,但他没有在困难面前却步,而是继续进行试验。

当布莱克知道瓦特的奋斗目标和困难处境时,他把瓦特介绍给了化工技师罗巴克。罗巴克在苏格兰的卡隆开办了一座规模较大的炼铁厂,并对科学技术的新发明倾注着极大的热情,非常赞许瓦特的新装置,大力赞助瓦特进行新式蒸汽机的试制。从1766年开始,在3年多里,瓦特克服了在材料和工艺等方面的困难,1769年研制出了第一台样机。同年,瓦特因发明冷凝器而获得他在革新纽可门蒸汽机的过程中的第一项专利。第一台带有冷凝器的蒸汽机试制成功了,但它同纽可门蒸汽机相比,除了热效率有显著提高外,在作为动力机来带动其他工作机的性能方面仍未取得实质性进展,即这种蒸汽机还是无法作为真正的动力机。

由于瓦特的这种蒸汽机仍不够理想,销路并不广。当瓦特继续探索时,罗巴克已濒于破产,他将瓦特介绍给了工程师兼企业家博尔顿,以使瓦特能得到赞助,继续进行研制工作。博尔顿是位能干的工程师和企业家。他对瓦特的创新精神表示赞赏,并愿意赞助瓦特。

博尔顿经常参加社会活动,他是当时伯明翰地区著名的科学社团"圆月学社"的主要成员之一。参加这个学社的人大多都是本地的一些科学家、工程师、学者以及科学爱好者。经博尔顿介绍,瓦特也参加了"圆月学社"。在"圆月学社"活动期间,由于与化学家普列斯特列等人交往,瓦特对当时人们关注的气体化学与热化学有了更多的了解,更重要的是,"圆月学社"的活动使瓦特进一步增长了科学见识,活跃了科学思想。

瓦特自与博尔顿合作之后,在资金、设备、材料等方面得到大力支持。他又生产了两台带分离冷凝器的蒸汽机。由于没有显著的改进,这两台蒸汽机没有得到社会的关注。这两台蒸汽机耗资巨大,使博尔顿也濒临破产,但他仍然给瓦特以慷慨的赞助。在他的支持下,瓦特以百折不挠的毅力继续研究。自 1769 年试制出带有分离冷凝器的蒸汽机样机之后,他已看出热效率低已不是他的蒸汽机的主要不足,活塞只能作往返的直线运动才是它的根本局限。1781 年,他仍然参加圆月学社的活动,也许聚会中会员们提到天文学家赫舍尔在当年发现的天王星以及由此引出的行星绕日的圆周运动启发了他,也许是钟表中齿轮的圆周运动启发了他,他想到了把活塞往返的直线运动变为旋转的圆周运动就可以使动力传给任何工作机。同年,他研制出了一套被称为"太阳和行星"的齿轮联动装置,终于把活塞往返的直线运动转变为齿轮的旋转运动。为了使轮轴的旋轴增加惯性,使圆周运动更加均匀,他在轮轴上加装了一个火飞轮。由于对传统机构的这一重大革新,他的这种蒸汽机才真正成为能带动一切工作机的动力机。1781 年底,他以发明带有齿轮和拉杆的机械联动装置获得第二个专利。

1782 年,瓦特试制出了一种带有双向装置的新汽缸,由此获得了他的第三项专利——把原来的单汽缸装置改装成双向汽缸,并首次把引入汽缸的蒸汽由低压蒸汽变为高压蒸汽。这是他在改进纽可门蒸汽机过程中的第三次飞跃。通过这三次技术飞跃,纽可门蒸汽机完全演变成了瓦特蒸汽机。

从最初接触蒸汽技术到蒸汽机研制成功,瓦特走过了二十多年的艰难历程。他虽然多次受挫、屡遭失败,但他仍然坚持不懈、百折不挠,在布莱克、罗巴克、博尔顿等贵人的鼎力帮助下,终于完成了对纽可门蒸汽机的三次革新,使蒸汽机得到了更广泛的应用,成为改造世界的动力。

1784 年,瓦特以带有飞轮、齿轮联动装置和双向装置的高压蒸汽机的综合组装取得了他在革新纽可门蒸汽机过程中的第四项专利。1788 年,他发明了离心调速器和节气阀,90 年,他发明了汽缸示工器。至此,他完成了蒸汽机发明的全过程。

由瓦特发明蒸汽机的经历，非常清楚地看到贵人不可或缺的作用。处于奋进或创业或困境中的你、我、他，此时想：要是遇上贵人，那该多好呀！因为有贵人相助，可以尽早尽好地取得成功。但客观的事实表明，不是你想遇上贵人，贵人就会出现。

胡雅特是法国知名的观光旅馆管理人才。可是他当年初入这行时，不仅对这一行懵懂无知，而且还是带着几分勉强的心理。因为那完全是他母亲一手安排的，胡雅特一点也不感兴趣，但也没有反对的意思，只是浑浑噩噩的。这样的工作方式，当然谈不上机遇不机遇。

刚进去的时候，胡雅特很不适应，便想离开，但他母亲认为，抱着怜悯自己、同情自己的心理，改变主意，以后就会形成习惯，一遇到困难就打退堂鼓，最终将会一事无成。胡雅特最后还是回到训练班，结果以第一名的成绩毕业，并侥幸进入罗浮的关系企业——巴黎柯丽珑大饭店。

胡雅特进去是当侍应生，但他知道，观光大饭店，接待的是各国人士，必须有多种语言的能力，才能应付自如。于是，他在工作之余，开始自修英语。3 年之后，柯丽珑大饭店要选派几个人到英国实习，胡雅特被录取。

在英国实习一年回来后，胡雅特由侍应生升为了领班。接着，就获得一个机会到德国广场大饭店实习。胡雅特到德国后不久，正赶上 20 世纪 30 年代的经济不景气，观光旅客的人数跟着锐减，大饭店的经营非常不容易。他利用广场大饭店过去旅客的资料，动脑筋设计出一些内容不同的信函，分别寄给旅客，使广场大饭店平稳地渡过了这段艰苦的时期。他这些函件，其中有 400 多封，直到现在还有不少观光企业用它来作为招揽客人的范本。

这时候，胡雅特已经具备英、德、法三种语言能力，但一直没有机会去美国看看，于是决定请假自费到美国看一看。经理却决定特准予他公假，以公司名义派他去美国考察，一切费用公司承担。

胡雅特一到美国就去拜见华尔道夫大饭店的总裁柏墨尔，并把经理的亲笔信交给他，请他给自己一个见习机会，并要求从基层做起。

胡雅特真的从擦地板开始做起。胡雅特的做法，给他带来了好运。

有一天，华尔道夫的总裁柏墨尔到餐厅部来视察，看到胡雅特正在爬着擦地板。他跟这位来自法国的青年见过一面，印象颇为深刻，见他在擦地板，不禁大为惊讶。

“你不是法国来的胡雅特么?”柏墨尔走过去问。

“是的。”胡雅特站起来说。

“你在柯丽珑不是当副经理吗？怎么还到我们这里擦地板?”

“我想亲自体验一下，美国观光饭店的地板有什么不同。”

“你以前也擦过地板吗?”

“我擦过英国的、德国的、法国的，所以我想尝试一下擦美国地板是什么滋味。”

“是不是有什么不同?”

“这很难解释，”胡雅特沉思着说，“我想，如果不是亲自体会，很难说得明白。”

柏墨尔的眼睛里，突然闪起一道亮光，用力注视了他半天，才说：“你等于替我们上了一课，罗拔，下班后，请到我办公室来一趟。”

这次的相遇，使胡雅特进入了美国的观光事业。自此以后，胡雅特的事业蒸蒸日上，一直干到洲际大饭店的总裁；手下有64家观光大饭店，营业遍及45国。

从这些知名人士的身上，我们能够发现一种优良的品质：**即善于创造机遇，主动结交朋友**。其实，在现代社会，如果能够不断地扩大自己的交际圈，并且结交贵人的话，对于一个人的事业的发展将是大有益处的。

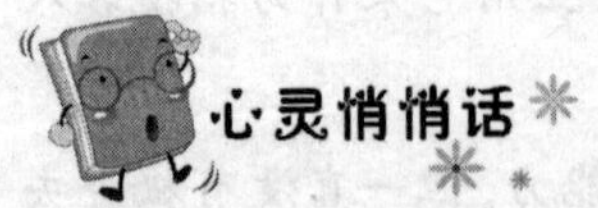

相逢贵人需要机遇，但是如若你有机会相识贵人，也一定要把握好机会，善于与之相交，才能在人生之中获得贵人的帮助，让自己的命运从此得以改变。

第六篇

友谊从好感开始

真正的朋友它可以让人在悲伤时给人安慰,成功时给人以掌声,快乐时给人以共享,真正的友谊不可能会轻而易举地获得,它需要经过长时间的培育,经过彼此的相知相解,才能绽放出友谊的绚烂花朵。而在努力培养友谊的过程中,你必须尊重别人,尊重自己;热情真诚,乐于助人;心胸开阔,宽宏大量。只有这样,你才能获得真正的友谊。

人生中最宝贵、最美好、最值得回忆的东西便是友谊。如果你把快乐告诉一个朋友,你将得到两份快乐;而如果你把忧愁向一位倾吐,你将被分掉一半忧愁。

储存友情要诚心

播下真诚的种子，收获友谊之花

世界上最能“增值”的投资就是人情“投资”了。为友谊播下真诚的种子，为自己建立起通达的人脉，不知不觉中，你会发现你的人生达到了“天时、地利、人和”的美好境界。

有句俗话说得好：“在家靠父母，出门靠朋友”，多一个朋友多一条路。要想人爱己，己须先爱人。就如同一个人为防不测，须养成储蓄的习惯一样，只有时刻不忘以诚待人，才能为自己多“储存”友情。

小陈总觉得自己朋友不少，但真有什么事儿时，他却很难找到愿意帮他的朋友，所以他常抱怨自己的朋友“不够意思”。然而，小陈不知道，他的朋友也常批评他“不够意思”！比如，他的大学同学王某说：“小陈这个人不值得交往，他对朋友的态度从小事儿上就能看出来，上学时我不小心碰碎了玻璃黑板，他生怕老师误会他，还没等我主动承认错误呢，他就先跑去告密了，把我弄得被动极了！”他的同事赵某也说：“小陈太不够意思了，跟他同富贵行，共患难就没戏了！有了好事就‘哥们儿’长‘哥们儿’短的，要是碰上了麻烦，他马上就和我们划清界限，生怕连累了他。平时油腔滑调的，把朋友义气说得那么好听，遇上事儿他一下子就跑了。他跟我们来虚的，我们又何必对他讲义气呢？平时面上过得去就行了，跟他太实诚了准吃亏！”

小陈对朋友总是留个心眼儿，无法对朋友保持忠诚，结果没有人把他当成是真正的朋友，遇到事情也没有人肯帮他，可以说在交友这方面他做得是相当失败的。圣经上说："忠诚的朋友是无价之宝。"忠诚的朋友可以丰富我们的生活，但要得到朋友的忠诚，我们就必须敞开心扉，对朋友坦诚相待，这样才能换来真挚的朋友。

忠诚的朋友完全承认你的自主权，从不干涉你的所作所为。他只会带给你安全感，这种安全感来自真诚的友谊。

这里有这样一个动人的故事。

一位先生，他的一个朋友坐了牢。这位朋友既不是行凶的抢劫犯。又不是强奸杀人犯，更不是纵火犯，只不过是因为做生意时无意中触犯了法律。这位先生当时不知道自己的朋友进了监狱，当他打电话到对方的办公室得知此事以后，便在星期六清晨，开车跑了60多公里路去探望他。到那以后，由于探监的亲属人多而未能见到朋友。第二个星期六清晨，他又去了一次、可是这次监狱方面要求他办个通行证。第三次虽然又遇到别的障碍，但他还是想方设法要见朋友，却没想到他的朋友因为感到羞愧。不愿见他。可他依然满不在乎，径直往监狱里走去，像在咖啡馆里一样自然。终于跟朋友会了面。朋友获释后，两人继续保持着友好关系。当这位朋友谈到自己在监狱的经历时，他只是静静地听着，不提问，不作任何评价。于是这位先生被他的朋友称为"最可信赖的朋友"。

人都是有感情的，人人都难逃脱一个"情"字。但要想获得别人的感情，首先自己要多付出。尽管在当今社会，由于生活节奏的加快，人与人之间的关系较之以前稍显淡漠，但是真诚的友情却从未间断过。平时就要想朋友之所想，急朋友之所急，在他最困难、最需要帮助的时候，给朋友以无私的帮助。这样的友谊最能经受住患难的考验，将成为你最可信赖的人脉。

真心付出才会得到真挚的友情

要想与朋友交心。自己首先就应该付出真心。只有这样,别人才更愿意对你付出真情,使你们最终成为知己。

与陌生人结交,通常是想与对方成为朋友,而交友贵在交心,它讲求的不仅仅是表面上的情投意合,更重要的是事业或思想等方面的志同道合。而要想与朋友交心,首先就应该付出你的真心,只有这样,别人才更愿意对你付出真情,使你们最终成为知己。

赵平在事业刚刚起步的时候很不顺利。后来,他的朋友给他介绍了一个人,对方是食品行业的一位董事长。朋友说,如果能把握住机会的话,对方可能会成为他的大客户。于是,赵平就去拜访那位董事长,没想到刚一见面,对方就对他下了逐客令。可赵平并没有退缩,而是问那位董事长:"先生,咱们的年龄差不多,您为什么能如此成功呢?您能跟我说说您成功的秘诀吗?"

赵平向董事长提出这个问题是发自内心的,所以语气异常诚恳,他十分想向对方学习一些成功的经验。面对赵平诚恳的请求,那位董事长也不太好意思回绝他。于是,就请赵平坐在自己的对面,把自己的成功经历讲述给他。没想到,这一聊就是3个小时,而赵平在旁边听得极为认真,并在适当的时候也会向对方提出一些问题。

最后,那位董事长已经被赵平的诚恳态度打动了,就对他说:"你现在有什么困难?如果我能帮忙的话,我可以向你提供帮助。"于是,赵平就向董事长递呈了一份有关广告推广的计划书,这份计划书可真是花了他不少的心思,内容丰富,资料翔实。

董事长见赵平如此真诚,很是感动,就依照他的这份计划书,结合实际情况具体地操作了起来,结果提高了公司的效益。那位董事长很高兴,就把赵平当成了自己最好的朋友。当然了,对方在实施计划的过程中,其所

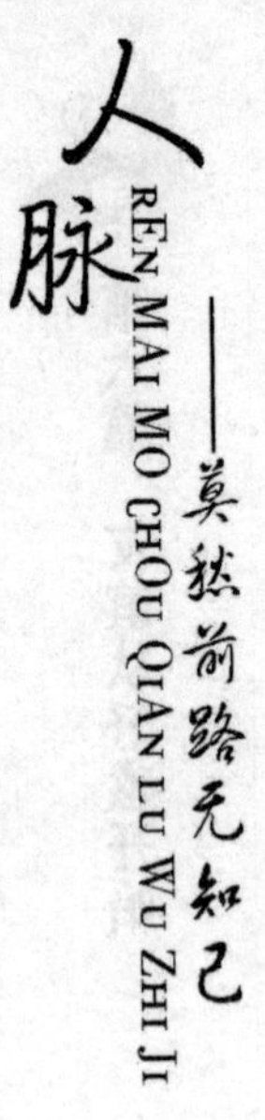

有的广告都被赵平揽下了。

赵平拿出了自己的真心去与对方交朋友，终于感动了对方，最终达到了交际的目的。其实，在与陌生人交往的过程中，你是否付出真心，对方很容易就能够感觉出来，所以，在与朋友交流时一定要拿出你的真心，他一定能感觉到并被感动的。

如果想真心与朋友交往，具体应如何去做呢？

1. 尊重和理解对方

尊重是一种修养，一种品格，一种对人不卑不亢、不俯不仰的平等相待，对他人人格与价值的充分肯定。一个真心懂得尊重、理解别人的人，才能赢得别人的尊重。

在美国，一个颇有名望的富商在散步时，遇到一个瘦弱的摆地摊卖旧书的年轻人，他缩着身子在寒风中啃着发霉的面包。富商怜悯地将8美元塞到年轻人手中，头也不回地走了。没走多远，富商忽又返回，从地摊上捡了两本旧书，并说："对不起，我忘了取书。其实，您和我一样也是商人！"两年后，富商应邀参加一个慈善募捐会时，一位年轻书商紧握着他的手，感激地说："我一直以为我这一生只有摆摊乞讨的命运，直到你亲口对我说，我和你一样都是商人，这才使我树立了自尊和自信，从而创造了今天的业绩……"

不难想象，没有那一句尊重鼓励的话，这位富商当初即使给年轻人再多钱，年轻人也断不会出现人生的巨变，这就是尊重的力量！

可见，学会尊重、理解对方，是一种与人交往的重要法则。**我们在与朋友交往的时候只有懂得尊重、理解对方，我们才能与对方建立起真正的友谊。**

2. 放下戒心

与人接触时，要学会放下戒心，使自己以真诚实在的状态示人，这样才能够赢得对方的信任，渐渐地对方自然也会对你消除戒备心理，将你当作真正可以信任的朋友，乐意与你诉说自己的一切。

当然了，以诚待人并不是说对谁都要付出自己全部的真诚，前提是要

看清对象。如果对方的一些小动作、小行为让你觉得他是一个不可信赖的人，你就不必向对方敞开心扉。否则，可能会被对方所害。

我国著名的翻译家傅雷先生说："一个人只要以真诚的态度对人，总会打动对方的，即便人家一时不了解，日后也一定会了解的。"傅雷先生一生做事，总是很坦白。他认为，绕圈子、躲躲闪闪，反而会让对方疑心。对别人要手段，倒不如光明正大、实话实说，只要态度诚恳，无论你刚开始的行为有多么不得体，对方也会原谅你的。

历来人们都主张交友要知人而交，如果发现对方是不可信赖的人，要对其有所戒备；如果发现对方是个忠诚憨厚、可以信赖的朋友，应该多一些真诚、少一些猜疑，这样才能赢得对方的信任与好感。

3. 不弄虚作假

真心待人，最重要就是要求人们不弄虚作假，这样，人们才会有真正理解和信任的朋友。

在与朋友相处的时候，要敢于敞开自己的心扉，真诚地与朋友交往，不要弄虚作假。实事求是是朋友交往的关键，如果总是想美化自己、掩饰自己，戴着面具与朋友交往是不会得到真正的友谊的。

总之，真诚待人是赢得对方信任与好感的第一步，只有放下戒心，将真实的自我展现在对方面前，才能进一步促进对方与自己的人际互动，使对方更愿意与你有进一步的交往。

临时抱佛脚，平时不以真诚播种友谊，到有用的时候才想到拉拢、收买，关系也仅仅限于物质上，办起事来自然会"量力而行"了。而唯有立足真诚，忠诚可靠的友谊才是你危急时刻的人脉。

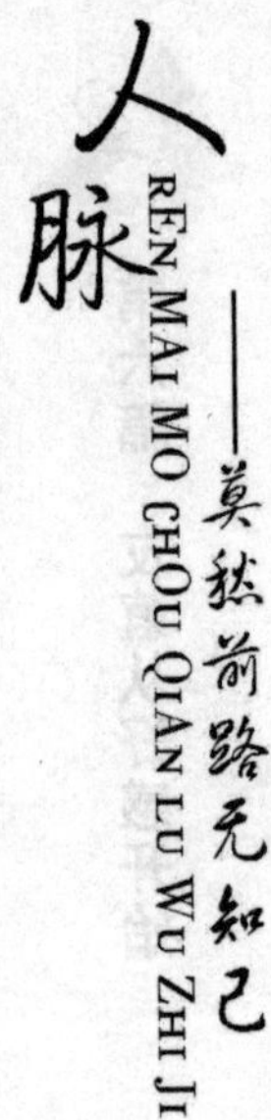

用诚信做自己交友的标签

诚信是交友的大智慧

人在圈中交往时，信用的能量是巨大的，一个讲信用的人让对方从心理上产生交往安全感，愿意跟你深交。如果说讲信用是一种做人的美德，那么，让人觉得你是可信的则是一种心理策略，一种人际交往中的大智慧。

美国学者安德森研究了影响人际关系的人格品质，排在序列最前面的、受人欢迎程度最高的六种人格品质是：**真诚、诚实、理解、忠诚、真实、可信，它们都或多或少、直接或间接同真诚有关。**他认为，真诚的人受人欢迎，待人不真诚则令人感到厌恶。

信用对每个人来说都异常重要。一旦丧失了信用，人们就没有了安全感。若是全社会的人都无诚信可言，生活在一片尔虞我诈的虚假社会中，那么这个社会实在是让人毛骨悚然、不寒而栗！

从这个意义上说，能够守信的人弥足珍贵。**一旦一个人没有了信用，那他也就失去了一切。不讲信用的人，终究会作茧自缚，陷入自布的陷阱。**

无数的事实也证明了，讲信用者走遍天下，无信用者寸步难行。

西周成王即位时还是个小孩子。一天，他和弟弟叔虞在后宫玩耍，一时高兴，就摘下一片桐叶给叔虞，说："我封你为王。"

第二天，大臣史佚一本正经地要求成王正式给叔虞划定封地。成王说："我这是和他在做游戏，怎么能当真呢！"史佚板着脸说："君无戏言。"

成王马上明白了这句话的分量，就把黄河、汾水以东的一百里左右的地方封给了叔虞，这个诸侯国就是春秋中后期强盛一时的晋国。

我们千万不可丧失信用的底线。要知道，说出的话就是落地的石头，一砸就是一个坑，我们必须对这块“石头”负责。

有时候，你或许会遇到这样一种两难困境：如果必须守信用会使自己蒙受损失；如果不守信用的话一切损失都能避免，但却会造成对诚信原则的破坏。很多人在这种情况下都选择以自己的利益为重，毕竟人人都是唯我独尊的，顾好自己眼前的利益才是最重要的。

这时，你又应该怎么办呢？希望以下这个案例能对你有所启发。

日本麦当劳会社社长藤田接受美国油料公司订制的500万副刀与叉的合同，交货日期定为该年的8月1日。藤田组织了好几家工厂同时生产这批刀叉，然而这些工厂却一再误工，预计7月27日才能完工，但是从东京海运到美国芝加哥路途遥远，这样8月1日肯定交不了货。唯一的办法，那就是空运。但是空运费用昂贵，这会使他损失掉很大一笔利润。

这时，藤田面对的，一边是损失的利润，一边是看不见摸不着的信用。他再三思忖，依然决定采用空运，将货物及时运抵芝加哥，按时交给了客户。

这使藤田遭受了很大的经济损失，但是他却赢得了美国油料公司的信任。在以后的几年里，美国油料公司都向日本麦当劳会社订制大量的餐具，藤田也因此得到了丰厚的回报。

由此可见，如果你承诺了，就一定要兑现！哪怕你因此承受难言的痛苦，因为你已经没有了回旋的余地，必须要对自己的诺言负责到底。你没有逃脱和狡辩的权利，只有硬着头皮告诉自己挺住！如果你确实无法兑现自己的承诺，那么事前就不应该说出口！所以，在这里顺便提醒大家一句——当你无力完成某件事情时，请牢记，千万不要过度承诺，那会让你陷入诚信的危机中，以致自身难保。

过多的承诺而无行动的配合，只是一张空头支票——无法兑现。

过多的承诺而无因果的连缀，必是一场虚无的独角戏——无人观看。

所以，我们热切提倡承诺者“必承诺而勿滥余”。知道适可而止，知道量力而行，知道重信笃义！这样，我们的承诺才会如一颗颗耀眼的明珠，照亮人际关系的舞台。如果我们每个人都能够做到诚信，那时你们的人脉关系就会因为承诺而牢不可破、固若金汤！

诚实守信，让友谊之树常青

想要在朋友面前建立一个诚信的形象，就要从小事做起。从点点滴滴做起，只有在朋友面前诚实守信、言出必行。才能与朋友的关系维护得更长久。

俗话说：“人无信不立。”意思是指诚信是一个人立身的根本，尤其是处于当今这个现代化的经济社会中，更应注重诚信。在生活中，人们也总是喜欢和那些诚实守信的人结交朋友，而对于背信弃义的人则敬而远之。只有守信的人，才有更多的人愿意与他结交朋友，也才有更多的人愿意与他维持朋友关系，因此，可以说：诚信是友情长存的“保鲜剂”。如果你想成为一个受欢迎的人，想使你的人脉网变得更为牢固，就先从诚信做起吧！

有两位来自美国的游客每次来到中国游玩时，都会去同一家百货公司买两双鞋带回国。因为在3年前，这家百货公司的营业员刘娟因为诚信而与他们建立了深厚的友谊。

3年前的一天，这两位来自美国的游客来到北京，正准备进百货公司逛逛。他们刚走到门口，就发现路旁边的货架上有一堆特价鞋，旁边还有这样醒目的大牌子：“超值特价，原价200元，一折即可穿走。”他们觉得20元钱就能买到这么漂亮的大红鞋，很是兴奋。于是其中一人挑了一只合码的，穿到脚上一试，感觉皮软质轻，质量还算不错，就打算掏钱买下。

这时候，售货员刘娟笑眯眯地走过来对他们说：“您好！您喜欢这双鞋？正好可以配您穿的这身红外套！”然后伸出手说：“您能不能再让我看

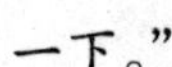

一下。”

外国游客不禁担心地问：“有什么问题吗？价钱不对吗？”

刘娟赶紧说：“不！不！别担心，我只是要确认一下是不是那两只鞋。嗯，确实是！”

外国游客迷惑不解地问：“什么叫两只鞋，明明是一双啊！”

刘娟说：“非常抱歉！我得让您明白，这两只鞋不是一双鞋，只是皮质相同，尺寸一样，但是，仔细看却有些色差，我们也不确定是我们进货人的失误还是来往的游客弄错了。现在剩下了左、右两只，正好凑成一双，但我们不能为了卖出这两只鞋，让您吃亏。如果您不要这两只的话，还是再选其他的鞋子吧！”

外国游客听见刘娟的话，被刘娟的行为所感动，就毫不犹豫地购买了那两只鞋，同时还多买了一双别的鞋，最后还留下了刘娟的联系方式。没想到两年过去了，两位游客来到中国后，还会在刘娟这里买鞋子。

刘娟用诚信感动了那两位外国游客，使他们对她产生了好感，最终与刘娟结下深厚的友谊。所以，诚信是立身之本，也是讨人喜欢的“致命武器”。它是一种高尚的品质和情操，既体现了你对朋友的尊敬，也表现了你对自己的尊重。

那么，在具体与朋友交往的过程中，我们应如何为自己建立起诚信的形象呢？

1. 不要轻易许诺

许多人在与朋友相处的过程中，当无法实现自己对朋友的承诺时，总会这样抱怨：“这件事的难度太大了，我做不了。”虽然是简单的一句话，但可能会有损你在朋友心中的良好形象，影响你们以后的正常交往。在与朋友相处过程中一定要遵循这样的处世原则：不要轻易向别人许诺，一旦许下诺言，就一定要实现。也就是说，朋友平时有事请你帮忙的时候，你要事先仔细考虑好，自己能否能够顺利地帮助朋友解决困难。对于自己不能完成的事情，就把实情告诉对方，让他明白你的难处。

但是，当你确定自己完全可以帮助朋友时，则一定要去实现。要“言出必行”，只有这样才能做到言而有信，让朋友喜欢你，更愿意与你交往。

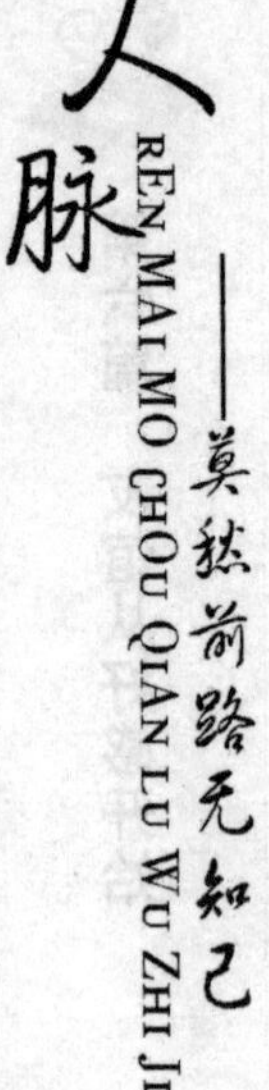

2. 约会迟到一定要解释

在现实生活中，我们会经常看到或经历这样的场景：

一次，汪翔与一个老客户约好在某茶馆见面。但是，汪翔在路上堵车了，结果晚到了半个小时。汪翔原想，这下客户一定不高兴了，心中很是慌张。谁知，汪翔到那里后，客户什么也没说，只是微笑着向他点了点头。

看到客户并未表现出不满，汪翔心里一阵窃喜，以为客户没在意，便开始与客户开始谈合作的事情，但是结果却失败了。后来汪翔才从朋友那里得知，客户之所以不愿意与他合作，是因为他迟到没有解释原因，认为他是一个不讲诚信的人。

小事也能够反映出一个人的品质，所以，在与朋友交往的过程中，不论任何时候，不管任何原因，只要你失约了、迟到了，就一定要向对方解释原因。解释是对别人的尊重，也是对自己负责。只有这样，对方才能原谅你的小小失误，对你重新产生好感。

关于诚信，大仲马曾这样说：**“当信用消失的时候，肉体就没有生命。”**要在朋友面前建立一个诚信的形象，就要从小事做起，从点点滴滴做起，这样才能与朋友的关系维护得更长久。

归根结底，诚信是经营人际关系最基本的需要，是进行社会活动的基础，更是个人形象的“第一名片”。正如李嘉诚所说：**“不论在任何地方、任何场合，信用都是最重要的，一时的经济损失在将来可以赚回来，但损失了信誉，就什么事情也不能做了。”**所以，要经营好友谊，首要的就是要对朋友信守诺言。

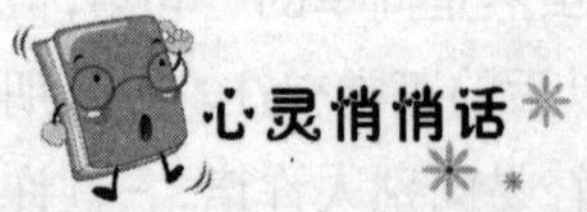

心灵悄悄话

诚信是最高明的处世之道，也是成功必备的素质之一。人无信不立，不做言过其实的许诺，不做言而无信、背信弃义的丑行，这才是有魅力的人，靠得住的人。所以，纵使万般艰难，也须言行如一，表里如一，绝不可背信弃义。

谦虚的人更受欢迎

谦虚是人类的一种美德，是一个人进取和取得成功的必要前提。同时，“谦虚”还能对一个人的人际关系产生较为积极的影响，谦虚的人能与朋友相处得更为融洽，因为不管何时何地，他都能够充分地尊重朋友，不会因为自己身上有优势或优点就目中无人，更不会拿自己的优势在别人面前炫耀。而相反，那些只喜欢在朋友面前卖弄自己聪明的人，则往往会因为自己的虚荣心去伤害朋友的自尊心，最终会让朋友生厌，从而远离他。

谦虚就是一种给朋友留余地的智慧，谦虚的人总会给自己一个公正的评价，实事求是，既不贬低自己，又不抬高自己；既能坚持自己的观点，又能虚心地向别人请教。谦虚的人懂得去维护朋友的自尊心，很容易受到朋友的尊重与喜爱，很多成功人士就是依靠谦虚建立起了自己强大的人脉网。

红顶商人胡雪岩就是其中之一。

“胡庆余堂”是胡雪岩毕生的心血。在世纪更迭、战火纷飞的年代中，无数金字招牌都未能幸免于难，而“胡庆余堂”却因为胡雪岩的谦虚而支撑了下来。

有一天，一位老人到“胡庆余堂”买药，面露不悦之色，边走边不停地抱怨。掌柜的看到老人是位农夫，买的鹿茸也不多，就不耐烦地赶他走。

这时候，刚好胡雪岩从外面进来了，看到这一幕，便和颜悦色地询问老人：“是不是药店有什么招待不周的地方？”老人见胡雪岩衣着谈吐不凡，知道一定是个管事的人，便时他说：“药店的鹿茸切片放置时间太久，有些返潮，希望贵店不要提前将鹿茸切片，等有人来买时再切会更好些。”

这话刚好被掌柜的听到了，就忙呵斥对方说：“这里卖的都是上等的鹿茸，不要在这里胡说八道。”

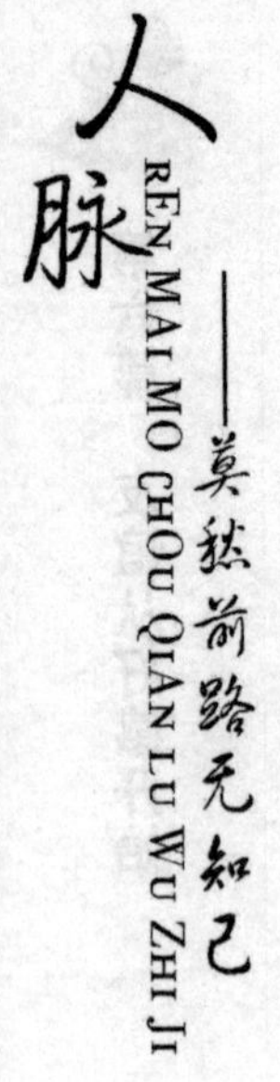

这时胡雪岩却对掌柜摆了摆手说:“不要这样对待老人家。”然后就又对老人家说:“您是这里的常客,您的建议我会虚心接受,保证让您买到新鲜的鹿茸。这次您买鹿茸的钱可以退还给您,欢迎下次再来!”

老农夫看到胡雪岩如此谦虚,就大为感动,逢人就夸“胡庆余堂”货真价实,每次进城都会给胡雪岩送些土特产,最后成了忘年交。

胡雪岩的谦虚既维护了药店的信誉,又赢得了一位好朋友。在他的一生中,因为谦虚的品格,还结交了许多其他的朋友。而与此相反,生活中有些人却不懂得这个道理,在人际交往中不懂得收敛自己,自以为是,犯了人际交往的大忌。

张萍毕业后到了一家杂志社上班,进单位前一段时间还表现甚好。但与单位的其他同事熟悉之后,就大谈自己在学校里的“光荣史”,并无意间冒出一句“像我这类文采飞扬的人将来一定会在这里成为人上人”的话。其他的同事听后大为反感,心想,你是人上人,还到我们这里干什么?于是,同事们群起而攻之。

结果没到3个月的试用期,张萍就受不了压力,最后不得不选择了辞职。

试想,张萍在初进单位时,如果可以凡事谨言慎行,与同事亲切交流并适时求教,将更多的精力放在工作中,就会给别人留下一个沉稳谦逊的好印象,不至于受到同事的一致排挤。

在很多时候,吹嘘炫耀可谓是一种自损行为。在与朋友相处的过程中,你的这种行为会让所有的朋友对你产生厌恶,甚至是嫉恨。因此,我们应当尽量杜绝这样的行为,努力以一种谦虚的态度与朋友相处。

想要在朋友面前保持谦虚,给人留下良好的印象,应做到以下三点:

1. 保持低姿态

在人际交往中,谦虚的人恪守的是一种平衡关系,即在周围的人对自己认同的基础上让彼此都能达到一种心理上的平衡,这些人不管在任何情况下总是会保持一种低姿态,不会让别人感到自卑与失落。不仅如此,他

们还会在适当的时候让别人显得比自己高贵,让他人产生优越感,使对方得到一种心理上的满足,从而使其消除对自己的戒备,使他人更乐于与他合作。

有不少人认为,低姿态的人用一个成语来形容最贴切,即"大智若愚"。表面看上去谦虚、低调的人,事实上却是极其聪明、对工作极其认真的人,这样的人更能得到朋友的信赖。因此,在与朋友相处的过程中,一定要尽力地保持低姿态,这更有利于在第一时间树立一个良好的形象。

2. 不要过度膨胀

在生活中,很多人都有这样的行为习惯:只要有了成绩就会按捺不住自己的情绪,开始在别人面前不停地吹嘘自己。诚然,这种心态本身并没有错,但是却能让旁边的人遭殃,他们要默不作声地忍受你的嚣张气焰。渐渐地,他们就会在工作或生活中有意无意地抵制你,不再愿意与你合作或是对你提供帮助,你虽然得到了荣耀却失去了人缘,这是非常不值得的。你要知道,荣耀和功劳只是暂时的,而人际关系却可以长期地对你发挥作用。所以,在生活或工作中,即便是有什么优势或取得了什么样的成绩,一定不要张扬,要尽可能地谦虚。别人看到你的谦虚,也会觉得你是个能成大事的人,将会更加愿意与你结交。

3. 谦虚要适可而止

谦虚是一种美好的品质,是人际关系的润滑剂,谦虚地与朋友相处,固然可以得到朋友的喜爱,但是,如果你过于谦虚就会变成一种虚伪,也会令人生厌。

赵庆毕业后留在一所大学任教,他平时是个极为低调和谦虚的人,悉心于学术研究,他的学术研究成果每年都是学校第一。学校里其他的教师有时候会遇到教学难点,这些问题赵庆明明可以帮助解决,但是总是说:"我的学术研究水平还不如你们呢,一些问题我可能也无能为力!"这让其他的教师很是生厌,认为他的学术已经是学校第一了,却还说不如自己,像是一种讽刺。

为此,学校里其他的教师再也不愿意与赵庆在一起讨论问题了,赵庆在学校的人缘变得越来越差。

赵庆那些过于谦虚的话,一方面会让同事们觉得是在讽刺自己;另一方面也会让他们觉得赵庆是因为不肯帮助他们而找的借口，最终不愿再与他亲近。赵庆也因此失去了很多朋友。

谦虚就是对自我的实事求是的评价，过低地评价自己，不仅会使别人觉得你是个虚伪的人，有时候还是一种自卑的表现，还会使你在竞争中失利。

总之，在生活中，一定要真正地做到谦虚，正确地看待和评价自己，不盛气凌人，也不过于自卑，适当地降低身段，这正是赢得人气的办法之一。

谦虚就是一种给朋友留余地的智慧，谦虚的人总会给自己一个公正的评价，实事求是。既不贬低自己，又不抬高自己；既能坚持自己的观点。又能虚心地向别人请教。正如《礼记·曲礼上》所说："傲不可长，欲不可纵，乐不可极，志不可满。"只有这样，才能让你在第一时间赢得周围所有人的喜爱。

让你的友谊花朵常开不败

友情不是一锤子买卖

在现代社会中,人脉资源是每个人生活与工作的基础。只有随时地开拓自己的人脉资源,编织自己的人脉网,才能有能力面对一切挑战。不过,如果你本身已经拥有了大量朋友,也不要沾沾自喜,还要懂得适时去维护,因为友情不是"一锤子"买卖,不管你与朋友的关系如何,都不能说你只要与对方认识便终身可用。只有最大限度地与朋友维系好长久的关系,才能使你的人脉网发挥巨大的作用。

你要知道,人是感情动物,人际关系需要靠经常联络情谊来做养分,才能茁壮成长,而这种情谊的培养,在你与对方第一次结识后就要开始。我们与对方第一次见面,要选择适当的话题,创造轻松融洽的气氛,制造一段喻快的聊天时光,最终获得了对方的信任与好感。接下来就要好好地维护这种好感和信任,否则,之前的努力将会功亏一篑,与对方刚刚建立起来的友谊也会终止。

露丝在一次聚会上认识了叶明,两个人聊得很投缘也很兴奋,临别时两个人互相留了联系方式,并且还约定一有时间就一起出去喝茶。

但是,聚会结束之后的一段时间里,露丝都没有收到来自叶明的任何信息与电话。露丝有心邀请他一起吃饭,但又觉得自己是个女孩子,主动给对方打电话会显得有些唐突。于是,就放弃了主动与对方联系。一段时间后，露丝就渐渐地将叶明淡忘了。本来可以成为好朋友的两个人，又成了陌生人。

一年之后，露丝成为公司的业务洽谈代表。有一次，她代表公司与另一家公司进行商业谈判，而叶明正是这家公司的洽谈业务代表。刚开始，露丝觉得对方很是眼熟，思来想去终于记起自己与对方的那次交谈。但是，她还是不主动去与叶明套近乎，认为一年都没联系了，这样去与人家拉关系，会不会让对方觉得自己不够真诚？

最终，由于两边意见不统一，没有达成一致的协议。回公司后。露丝懊悔不已。她心想，当年自己与叶明也算是很投缘的，如果当初自己能够积极地联络对方，加深联系，巩固友谊，说不定现在他们已经是好朋友了，这么重要的生意也就不会谈不拢了。

由此可见，当我们与陌生人第一次交谈结束后，续写友谊的篇章是极其重要的。为了不让友谊随着第一次谈话的终止而结束，就应该在适当的时候与对方发生必要的联系，以加深刚刚建立起的融洽的关系，最终与他们建立起更为深厚的友谊。

与朋友保持联系，要从初次见面结束后开始。在与陌生人第一次交谈后，一定要注意结束的方式，以便为下一次的见面做好铺垫。比如可以用较婉转的口气对对方说："你好，这是我的名片，以后有空可以随时联系我"，"你的电话和地址我都有了，在我需要的时候，我会打电话给你"，"已经快到中午了，要不要留下来一起吃饭？"这样，就为下一次的见面做好了铺垫。

新结识的朋友，即使有了一次非常愉快的交谈和接触，也总还算是相对较为陌生的。所以，为了与对方进一步发展，你要多主动去联系对方。如果你能主动联络对方，则可以让对方感受到你的诚意和热情，会欣然接受与你进一步交往。

其实，你主动联络对方，不一定非要约对方出来吃饭喝酒，哪怕仅仅是电话里的问候和聊天，也能很大程度地拉近两个还不熟识的人之间的距离，让彼此间的友谊升温。这样简单的小投入，竟然能有那么大的功效，所以，你没有理由不去做。

新老朋友都要很好的维护

人具有社会属性，人与人之间的情谊需要不断地联络才能培养出来，开出友谊的花朵。

当你努力与新结识的朋友培养一段时间的友谊后，就可以将他们变成自己较好的老朋友，这时候你也不要觉得自己已经大功告成了，也不要认为这样就可以把朋友牢牢地抓在手里了，不要认为你们之间的关系甚好，根本用不着再花时间和精力去经营了，这是极其错误的看法。要知道，不论新朋还是旧友，人与人之间的情谊都必须经常联络培养，才能让友谊地久天长。

当你获得了一个人的友谊之后，更需要经常性地联络培养，才能让友谊保持得更长久，否则，再好的朋友最终也会变成陌路人。

刘倩和张盈在同一家公司做销售人员，刘倩比张盈早一年工作，也算是张盈的前辈了。在张盈刚进单位的时候，刘倩对她非常热情，给了她很多的帮助，所以张盈对她非常感激，两个人也由此成了很好的朋友。

第二年，单位里又来了新同事唐英，刘倩依然像当初帮助张盈一样帮助唐英，经常为唐英忙前忙后。刘倩觉得，唐英刚来，需要更多的关心和照顾，而张盈已经是自己的朋友了，一定可以理解这一点，于是她逐渐疏于和张盈联络感情。过了一段时间，张盈觉得，刘倩又找到了新的好朋友，已经不再需要她这个朋友了，所以在心里疏远了刘倩。等刘倩觉察到张盈对自己的冷淡之后，张盈已经不再当她是朋友了。

朋友之间的友谊像一张网，需要定期地维护才不会断开，才会更长远地维持下去。现代社会中，通信工具如此发达，你大可不必因为自己没有时间而疏于与朋友联系，你可以通过发短信、上网聊天、发电子邮件等与对方联系，让对方时刻想起你。

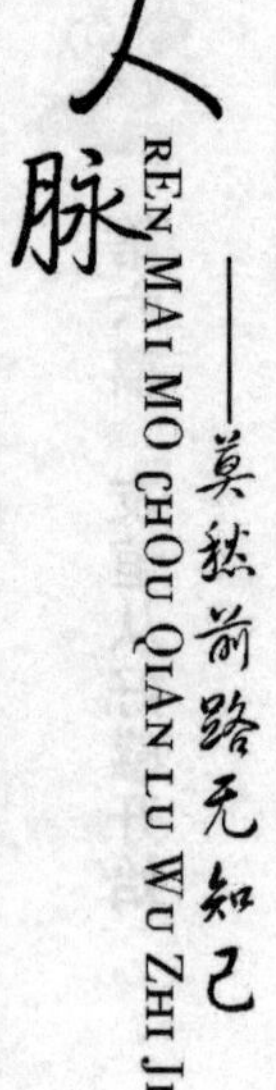

尤其是过年过节，在这个时候更要与对方联系，让对方在感到惊喜的同时，感受到朋友的关怀。

总之，你要时刻记住：**友谊就像是花朵，需要慢慢地培育，第一次见面就好比播种，种子种下去，会发芽。**可是如果不精心地培育和维持，那么这刚长出的嫩芽就没办法茁壮成长，最终只能枯萎、凋零。

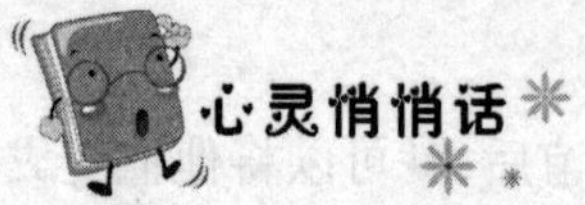

人是感情动物。人际关系需要靠经常联络情谊来做养分，才能茁壮成长。而这种情谊的培养，在你与对方第一次结识后就要开始。当你获得了一个人的友谊之后，更需要经常性地联络培养，才能让友谊保持得更长久，否则。再好的朋友最终也会变成陌路人。

同患难共享福才是真朋友

与朋友从相识到相知，走过了一段很长的路，建立起了一份深厚的友情。

而考验你们之间的友谊是否牢固，就要看你是否能够真正懂得去爱你的朋友，看你是否愿意在朋友有难时，能够主动向他伸出一双温暖的手。

中国有句古话：患难见真情。这句话，点明了友谊的本质——共同患难的友谊才能更长久。

试想，你与朋友相交后，你不懂得去关心他，更不懂得去与他共渡难关，当他遇到困难时，你只是尽力地去逃避，你可能会得到对方的喜爱吗？所以说，与朋友相处，有福同享，有难同当，主动地去关心对方，当对方处于人生的低谷时拉他一把，这是你获得长久友谊的基本办法之一。

董浩大学毕业后就投身于商海，经过努力，创建了一家属于自己的小公司。

可是就在前不久，因为自己管理方面的失误，使他苦心经营的小公司破产了，同时还欠了巨额的债务，被人追得到处跑。

沮丧的董浩想起了与自己一起长大的好朋友郑东。

他想，虽然以前曾帮助过郑东，可那也是很久以前的事情了，不知道郑东还会不会记得自己。想到这里，他又放弃了，觉得自己没颜面再去见其他人。

过了几天，他已经身无分文，正当他不知何去何从的时候，郑东却过来找他了。

郑东看到朋友这样，很生气地数落他："你真不够哥们儿，这个样子也

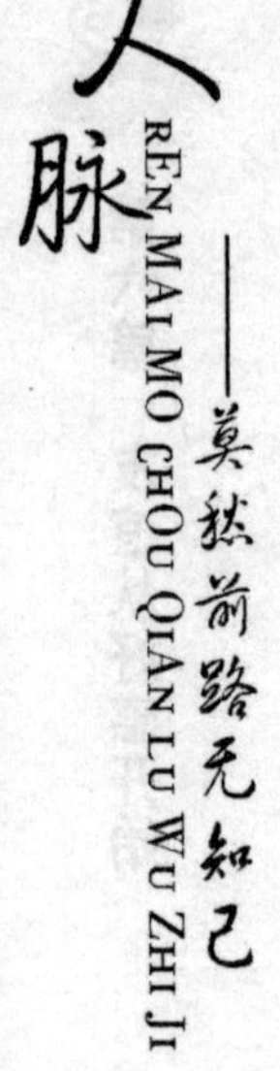

不去找我。如果不是从你父母那里知道你在这里,我还找不到你呢!”董浩很是感动,说自己不想给他添麻烦。

郑东听到这话说:“你还是那个倔脾气!朋友就是用来麻烦的,你不麻烦我,我才生气呢!”这一刻,董浩千言万语噎在喉咙里,一句话都说不出来。

他以为,全世界都抛弃了自己,却没想到还有一个人深深地记挂着自己,并没有因为落魄而嫌弃自己。

后来,董浩与郑东住在了一起,郑东不仅尽力地劝解他,还拿出自己多年的存款帮他解决问题。

从那以后,董浩也调整好了心态,瞅准了机会,到银行贷了款,终于东山再起,不但还清了贷款,还有了安定的生活。

几年后,郑东的儿子身患顽疾,董浩二话不说,立即拿出30万元为他找最好的医院。因为郑东那句话至今都让自己动容:“朋友就是用来麻烦的!”

在董浩有难的时候,郑东能够在关键时候挺身而出,帮他渡过难关,最终赢得了久远的友情。

他们的行为告诉了我们:真正的朋友应该“有福同享,有难同当”,当朋友在患难中时,一定不要犹豫,应该主动地尽自己的一切能力去帮助对方走出困境,并怀着一颗诚挚的心去对待朋友、鼓励朋友,这样在以后的岁月中,朋友才会去珍惜你,你们的友谊才能持续得更为久远。

另外,如果能在关键时候去帮助朋友,这比你平时费尽心机去讨好你的朋友要有用得多。

每个人的一生都不可能一帆风顺,难免会遇到困境或受挫的情况,这时候,他们最需要的是别人的帮助,如果你能向对方伸出友爱之手,便会让对方终身感激。

所以在平时,应该多体察一下朋友的需要,时刻去关心朋友,帮助他们脱离困境:当朋友身患重病时,应该多去探望;当朋友沮丧时,你应该多给予对方以鼓励,帮他树立自信,让他重新振作起来;当朋友愁眉苦脸、郁郁寡欢时,要主动去亲切地问候一下。

这些适时地安慰会像阳光一样温暖受伤者的心田，给他们带来新的希望与力量。

与朋友相处，有福同享，有难同当，主动地去关心对方，当对方处于人生的低谷时拉他一把，这是你获得长久友谊的基本办法之一。

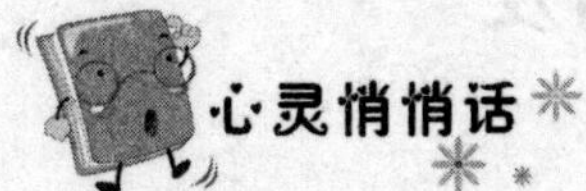

你与朋友分享你的机会、信息、功劳与利益，朋友也会主动与你分享他所拥有的东西。这样就等于使你多了一分收获，也就获得了更多的发展机会或财富。

要爱朋友不要害朋友

真正的好朋友是能指出朋友错误的人

朋友分许多种，我们在与朋友交往中要以君子之行作为楷模。君子对人表示真正的友好，从不会去袒护朋友的缺点，而小人则会无原则地偏袒朋友，一味地纵容朋友犯错。要知道，小人一味地纵容朋友的错误，不是在帮朋友，而是在害朋友。真正的朋友，是不仅仅会从小事上去关心朋友，更重要的还会适时地指出对方的错误，帮助朋友改正错误。

宋杰与李鹏是很要好的朋友。

有一次，宋杰对李鹏说："我老婆最近不小心把腿扭伤了，上班挤公交车特别不方便。你帮我留意一下，看有没有一个价格合适的电瓶车，有的话就告诉我，这样我老婆上班就方便了！"

对于宋杰的请求，李鹏没有推辞，就答应了下来。但是，一周过去了，都没有遇到价格合适的车子。宋杰很是着急，有一天下班后到公司车棚，准备骑自己的车回家，正要离开时，他看到旁边有一辆黄色电瓶车，主人可能由于疏忽忘了拔钥匙。于是宋杰就动了邪念，把自己的车锁在那里，先把那辆车骑回家了。第二天，李鹏刚好在旧货市场看到一辆价格比较合适的车子，就跟宋杰联系，宋杰就说自己已经弄到了一辆，并把事情的原委告诉了李鹏，李鹏很是吃惊，接下来就赶到宋杰家里，苦口婆心地劝宋杰，让他赶紧把车给送回去，否则，后果将会很严重。在李鹏的劝说下，宋杰把车

送回车棚中。

第二天，车主就找到宋杰说："其实，你的行为已经被录下来了，看到你今天把车送回来的份上，就不再追究。如果晚一点，我可能就报案了。"

这时，宋杰才意识到这次的错误行为差点儿把自己给毁了，多亏了自己的好朋友李鹏帮助自己及时地改正了错误，宋杰觉得，李鹏才是自己的真朋友，并从此对他心存感激。

当宋杰犯了错误后，因为李鹏及时地进行了劝解，最终才使他幸免于难，这是对朋友真正的关爱。

德国杰出的哲学家费尔巴哈在谈到如何对待朋友的问题时说："那些只懂得在朋友面前谄谀者是假的朋友，他们甚至会赞颂朋友的缺点，并对之赞之若神；而真正的朋友会主动去爱自己的朋友，赞颂他的德行，同时还会适时地指出他的缺点，并帮助他改正错误。"也就是说，真正的朋友应该是互相批评、互相促进、共同求发展的；虚假的朋友则是互相吹捧、互相纵容的。

所以，与朋友相处时，不仅要在关键的时候去帮助朋友、鼓励朋友，从小事上去关心朋友，更要适时地指出朋友的错误，帮助他改正缺点，这样朋友才会对你心存感激，你才能赢得朋友的信任和忠诚，让你们的友谊持续得更为长久。

顾及朋友的面子，保护朋友的隐私

在与朋友交往的过程中，朋友出于对你的信任，会把自己的一些隐私告诉你，以赢得你的同情或爱怜。这时候，你要及时地帮朋友出点子、想办法。帮朋友解决问题之后，即使朋友没有让你保密，你也没有把这种"隐私"泄露出去的权利。如果你不将保密作为一种义务、一种责任，而只热衷于流言蜚语，把朋友的"悄悄话"公之于众，那么，很可能会引起不少人的风言风语，甚至歪曲事情真相，不仅会让朋友失去面子，还会把事情搞糟。最

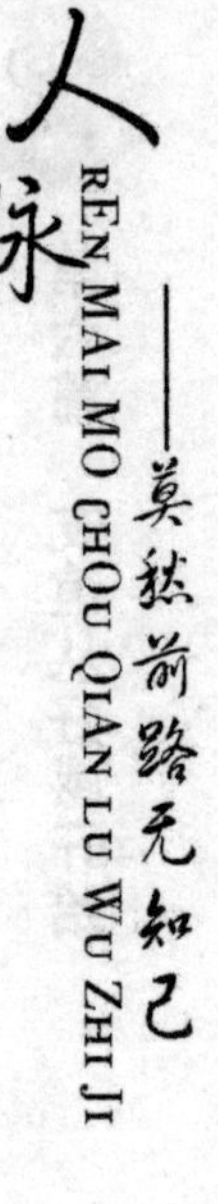

终,你将失去朋友,甚至会失去周围人对你的信赖,成为孤家寡人。

王波与妻子结婚两个月后就生了一个小孩,周围的朋友都来祝贺。王波的一个好朋友李国也来了。他拿来了自己的礼物——纸和铅笔,王波谢过了他。

其他的朋友见到李国送的礼物,都笑呵呵地问:"给这么小的孩子赠送书和笔,不觉得太早了吗?"

"不早了!"李国说,"他们的小孩儿那么性急,本该好几个月后才出生的,但是偏偏只用了两个月就出来了。长得这么快,再过几个月,他肯定就要去上学念书了,考虑到此,我才提前给他准备了纸和笔。"

李国的话刚说完,全场哄然大笑,令王波夫妇无地自容,以后再也不敢与李国来往了。

李国明知这是朋友的隐私,还拿出来调侃,显然让王波与妻子失了面子,是十分错误的行为,最终只会使朋友远离他。所以,在与朋友相处的时候,一定要顾及朋友的面子,不该说的就不要拿出来说,这样只会与朋友发生冲突,影响你与朋友之间的友情。

那么,具体要如何去做呢?

1. 管好你的嘴

要想与朋友保持良好的关系,就一定要管好你的嘴。切不可说话不分场合,张嘴乱说,如果有意或无意触碰了朋友的隐私或底线,只会让你惹出一些不必要的麻烦,还会损害自己的名气。

关于此,马克思就做得很好:

马克思住在巴黎的时候,与诗人海涅建立了深厚的友谊。海涅是位思想前行者,在与马克思相交的过程中,写下了很多战斗诗篇。

夜晚的时候,海涅总会找到马克思,去向他朗诵自己的新作。马克思和夫人就一起帮助他加工、修改、润色,对此,马克思从来不向外人说起关于海涅的事情,直到海涅的诗作在报章上发表为止。海涅也称马克思是自己"最能保守秘密"的朋友。

因为马克思对海涅的秘密始终"守口如瓶",最终才能得到对方最为深

切的信赖，他们的友谊才能不断加深。

所以，在与朋友相处时，一定要维护朋友的隐私，这是对朋友最基本的关怀，也是赢得朋友信任的最重要的条件。

2. 不要去触碰朋友的隐私

每个人都有自己不可触碰的隐私，朋友也是如此。这些隐私就如每个人的"着火点"，一旦触及，便可以伤害到对方。所以，在与朋友交往的过程中，一定不要过多地去触碰朋友的隐私，不该知道的就不要去打听，比如："你以前交过多少个男朋友？"等，这类问题对于不是较亲密的朋友，最好不要去问及对方，否则，会让对方感到你居心不良，或者认为你是个爱管闲事的人，从而对你生厌。

但若你在说话的时候一不小心碰触到了对方的"着火点"，让对方感到不快时，那么你就应该及时采取适当的方式转移对方的注意力，这样就可以弱化因为冒犯他的隐私而对你产生的厌恶感。

总之，与朋友交往时，不要认为说一些隐私的话就可以拉近彼此之间的距离，每个人都不希望自己的隐私被别人有意或无意地窥探到，只有与朋友保持适当的距离，才是维护和谐关系的基础。

一味地纵容朋友的错误，不是在爱朋友，而是在害朋友。真正的朋友。是不仅仅会从小事上去关心对方，更重要的还会适时地指出对方的错误。并帮助其改正。并且在与朋友相处的时候。一定要顾及朋友的面子。不该说的就不要拿出来说，否则只会与朋友发生冲突，影响你与朋友之间的友情。

赞美会让你硕果累累

赞美的话是蜜糖，最能打动人心。无论是谁被夸上两句，心里都会美滋滋的，同时也会对你产生好感，加深对你的印象。所以，在与朋友的交往中，一定要学会去赞美你的朋友。无论是与哪位朋友在一起，无事闲聊也好、求人办事也罢，先把赞美的话说出去，让别人的心里甜甜的，如此一来，对方就会立刻对你产生一种喜爱之情。久而久之，就会与你建立起深厚的友情。

美国成功学大师卡耐基在1921年曾付出100万美元的年薪聘请夏布作为自己公司的执行长官。许多记者当即就问卡耐基："夏布有什么特殊的才能吗？"卡耐基说："在与别人沟通时，他最会赞美别人，这是他最有价值的才能。"

在通往成功的道路上，卡耐基非常重视赞美的力量，甚至，他还这样来为自己写墓志铭："这里静躺着一个人，他非常懂得如何让比他聪明的人更为开心和快乐。"

美国哲学家约翰·督威说："人类本质里最深远的生存驱动力就是希望自己具有重要性。"而赞美别人就是让别人觉得自己"具有重要性"的重要方法，如果你在为自己的交际能力而发愁，就应该静下心来想想，你多久没有赞美别人了？

赞美的确是一种神奇的力量。在生活中，或许你不经意间说出的一句赞美的话，就能给别人带来快乐，最终也能让自己快乐起来。

老王刚刚退休，随着儿子来到北京。他第一次感受到了大城市的繁

华，但是，时隔不久，住在高楼中的他就觉得自己失去了自由，整天一个人闷在家里，连个交谈的朋友也没有。于是，无所事事的他就整天在楼下的花园里闲逛，由此打发无聊的时间。

有一天，老王要刚下楼，到了电梯门口，见到对面邻居老李一家人出来，看样子好像是准备到外面去聚餐。见到三代同堂一起出去聚会，老王心中十分羡慕，忍不住对老李说："你看你们家多好，儿孙满堂，享尽了天伦之乐！"

老李听了老王的话，笑得合不拢嘴了，便对他说："哈哈，老伙计，最近还一个人逛呢？以后你有时间的话，我们一起下去逛呀！"

老王一听心里自然很高兴。第二天，没等老王去找老李，老李自己就找上门来了。两个人在一起下棋、打牌，很快他们之间的感情便加深了很多。从此以后，老王再也不感到孤独了。

老王发自内心的赞美，让老李的心里感到了满足。自然地，他对老王的好感也大大提升。由此可见，无论与什么样的人交往，都不要吝啬自己的赞美之词，这样，你就能立刻获得对方的好感，打动对方的心，让自己在未来的某一刻获益并收获快乐。

从表面上看，赞美他人只是说几句好听的话，可实际上并非如此。在不同的场合，面对不同的人，赞美的话是有讲究的，如果你不注意，使赞美的话说得不得当，就有可能会起到相反的作用。一般情况下，在赞美他人时，要遵循以下几个原则：

1. 要真实诚恳

赞美他人时，首先应当符合实际，否则，对方会认为你所说的是虚伪的违心之言，甚至认为你在讽刺挖苦他，从而对你产生愤恨。比如：你的朋友明明其貌不扬，你却偏偏对她说："你长得真是太漂亮了。"这时，对方不仅不会感激你，反而会对你产生愤恨。

其实，对于这样的女孩，可以从她的服饰、谈吐、举止中去发现她的出众之处，然后再有针对性地、真诚地赞美，对方一定会高兴地接受。同时，在赞美时，还应该注意自己的语气，要尽可能地诚恳，不要让对方认为你是在说一些虚假的客套话。

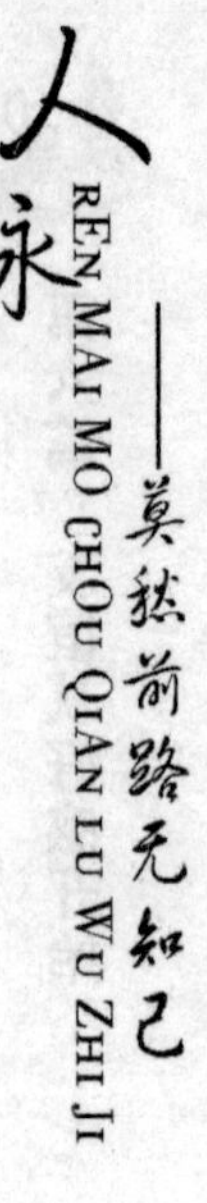

2. 说话要得体

当你赞美你的朋友时，你的话语一定要得体，即便是恭维的话也要说得坦诚。比如你要夸你朋友的鬈发时，你可以这样说：“你这天生带自然卷的头发，不用烫就有波浪，真令人羡慕！”再比如，一些有经验的编辑会对他的作者朋友说：“照你的写作速度，一个礼拜的时间足够了！”这样的赞美既自然、又贴心，必然能打动人心。

相反，如果在赞美朋友的时候，不注意语言方式，说话不得体，那么就会适得其反，就有可能会影响你们之间的友谊。

在赞美朋友的时候，一定不能轻率，要谨慎小心，把话说得更为得体，让人由衷地欢喜，这样才能达到你的交际目的。

3. 要合乎时宜

要赞美你的朋友，不仅要得体，而且还要合乎时宜，只有合乎时宜的赞美才能收到良好的效果。比如你的朋友去参加一项比赛，在刚开始的时候，你用赞美的话能够激励他下定决心做出成绩来。在比赛进行的过程中，你的赞美有助于他再接再厉。在比赛结束时，当朋友获得成功的时候去赞美他，则可以让他更加兴奋。但是，假如你在他比赛失败的情况下去赞美对方，就会招致对方的反感，他会认为你这是一种讽刺或是虚伪的奉承。

4. 赞美要适度

赞美朋友能够使友谊持续得更长久，所以，人们在与朋友相见后，总不免想多说几句赞美的话，讨朋友的开心。但是，赞美的时候也要把握“度”，否则，会让朋友觉得是在拍马屁或者在阿谀奉承。人们都明白，阿谀奉承是虚伪的赞美，过分的溢美之词会毁坏你的名声，降低你的品位。

在一次文艺晚会上，冯明的领导兴致很高，就即兴题诗一首。冯明平时与领导的关系处得不错，就想着这时候说几句赞美的话，说不定领导会更加关注自己。于是，他就赶忙插嘴道：“哎呀，真没想到我们领导的诗作水平如此了得，真是压倒李白，胜过杜甫啊！就连苏东坡也要逊色几分，真是前无古人，后无来者，盖世无双啊！”

领导听后，感到很难为情，狠狠地瞪了冯明一眼。在座的很多嘉宾也都觉得很尴尬，不知冯明是真意赞美还是存心讽刺。

从这之后，领导开始刻意疏远冯明。冯明原本光明的前途，就这么一点点地失去了光亮。

事实上，当你想去赞美朋友的时候，不要挖空心思去想各种各样华丽的词语，也不用去费尽心机找各种机会去讨好对方，只要你看到对方的亮点，发自内心地夸赞一句就能收到极好的效果。要知道，适当的赞美是融洽你与朋友关系的润滑剂，但是说过头了，就会使对方看穿你的用心，从而轻视你，甚至还会误认为你在有意侮辱他，以至于连朋友都做不成。所以，在与朋友相处的过程中，一定要多多注意一些赞美的技巧，让赞美拉近你与朋友之间心灵的距离。

无论与什么样的人交往，都不要吝啬自己的赞美之词，这样，你就能立刻获得对方的好感。打动对方的心。让自己在未来的某一刻获益并收获快乐。要谨记：一个拥有闪光的“颂扬之钻”的人，势必会在未来的人生旅途中收获丰硕的果实！

第七篇

充实你的人脉存折

不论你当下是多么的忙碌，都要注意随时随地广结人脉，多“储存”些朋友并时常注意“保鲜”，这才是一种聪明的做法。只有平时维系人脉的人，到用的时候才会有效，千万不要临时抱佛脚。从这个意义上说，我们很有必要学习人脉“保鲜”功夫。

对人情的投资，最忌讳的是急功近利，因为这样就成了一种买卖，说难听点就是一种贿赂。如果对方是有骨气之人，更会感到不高兴，即使勉强接受，也并不以为然。日后就算回报，也是得半斤还八两，没什么友情可言。

亲情是我们最初的人脉

人际交往的范围也包括亲戚关系。亲戚关系和其他关系一样，在交往中也存在一定的规律，如果遵循这些规律办事，彼此的关系就会越来越亲密；反之，违背了这些规律，亲戚之间也是会互相得罪的。

在求亲戚帮助的时候，一样需要用真诚打动对方，使亲情得到发挥利用，切不可虚假用情。当人们遇到困难时，大概首先想到的就是找亲戚帮忙。俗话说："不是一家人，不进一家门。"作为亲戚，对方也大都会很热情地向你伸出救援之手。

在战国时期，各诸侯国相互联姻，其根本目的就在于寻求联合，建立一种亲戚关系。公元前287年，楚国陷入了秦、赵、韩等国的围攻，眼看楚国国都城郢就要被攻陷了，楚王焦急万分，这时一个叫钟和的大臣建议道："大王何不派人去求助百越族呢？想当初大王不是嫁了一位女儿过去吗？"楚王仔细想了想，由于嫁的女儿太多了，倒想不起来具体是哪一位女儿了。但是，目前有一支力量算一支，于是，他派钟和携礼到百越族去求助。

百越在当时是居住在今广东省、福建省沿海的少数民族，虽为数不多，但个个骁勇善战，是一个战斗力很强的民族。百越族首领在听到这个消息后，欣然允诺相助，立即下令调遣各个部落的士兵组成一支两万人的军队前去楚国。

最后，在楚国与秦国的交界处，秦、赵、韩三国军队与楚、百越的军队进行了生死决战，结果，在百越族的大力支援下，楚国不仅保住了都城郢，还一举击溃了秦、赵、韩三国联军，取得了决定性的胜利。

可想而知，如果没有钟和的提醒，要没有百越族这么一个亲戚，楚国就有可能要提前几十年灭亡。可见，在关键时刻，求助于亲戚是很明智的选择，亲情在很大程度上会不受世态炎凉人情冷暖的影响，求助的成功率是很高的。

血浓于水的亲情永远是我们心灵的寄托，在为人处世的情感生活中，亲人之间的情感是最真诚、最恒久的，它是亲密、友爱的象征。

“我们都有一个家，名字叫中国。兄弟姐妹都很多，景色也不错……”这首歌说明了中国人虽多，但具有凝聚力，大家在一起团结、友爱。我国古代儒家提出的“孝悌”，就是为人处世中情感生活的一个方面。兄弟之间的相处是一种亲密无间、真诚的相处，不是有一句话叫“打虎亲兄弟，上阵父子兵”吗？

兄弟姐妹间互相体贴关心，互相帮助，长爱幼，幼尊长，产生矛盾时互谅互让，生活在这样的家庭环境中，必然觉得心情舒畅、甜美幸福。

从亲人那里，我们能学到做人的道理，体会到人间的温情，并寻觅到推动我们不断向前的伟大动力。

所以，是亲情支撑了我们的整个生命，保证了我们一生的幸福。

2008 年 5 月 12 日 14 时 28 分 04 秒，四川省汶川、北川，8 级强震猝然袭来，大地颤抖，山河移位，满目疮痍，生离死别。一位父亲安顿好受伤的妻子，就立刻冲向他 7 岁儿子所在的学校。看到那幢教学楼已然变成废墟，他顿时感到一片漆黑，哭着大喊：“我的儿子！”突然，他想起自己曾对儿子说的话：“不论发生什么，我总会跟你在一起！”于是，他坚定地走向那片废墟，开始挖掘起来。旁边有许多人从他身边经过，都劝他不要再挖了，说这是没有用的。可是他并不理会别人，只是一味地挖着，他挖了 8 小时、12 小时、24 小时、36 小时，当挖到第 38 个小时，他终于找到了他的儿子，另外还发现了其他幸存的 14 名同学。最后，这对父子无比幸福地拥抱在了一起。

在这个废墟中挖掘了 38 个小时，也就是挖了 1 天又 14 小时，这是多么惊人的数字。正是父爱的力量，给了他这么坚强的毅力。

亲情是最伟大、最自然的情感，我们对之要加倍珍惜，懂得它的可贵，

同时还要采取行动对其进行维护和加温。

1. 要懂得感恩

要明白，拥有亲情是生命对我们的恩赐，有亲人的关怀是人生最幸福的事。所以要懂得对亲人好，对他们进行精神上的支持和行动上的帮助。

2. 内心的情感要表达出来

很多人认为亲人之间的关系很近，彼此间的感情是无须再明确表达的，这种想法是不对的。试想一下，虽然你的父母明白你对他们的爱，但是当你成年以后，突然有一天，你给父亲一个热烈的拥抱，或者给母亲一个晚安吻，他们一定会很感动。

3. 善于与他人攀亲戚

俗话说“朝廷还有几门子穷亲戚”，想必这穷亲戚一定是有心人“攀”出来的。所以要善于攀亲戚，让亲戚连亲戚，找到一些远亲，这对自己会大有好处。

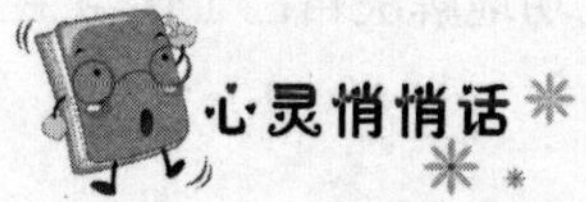

每个人都有三亲六戚，与这些亲戚来往是交际生活中的重要内容。亲戚之间是血缘或亲缘关系，这种特定的关系决定了彼此之间的联系的亲密性。善用亲情的一个基础就是付出真情。若是无此基础，取巧使用亲属关系，所起的作用也必然不大。因此，要用真心维系亲情，保护好人脉的基础。

朋友多了路好走

很多人在办事不顺或四处碰壁时，往往会有这样的感触："如果我有足够多的关系，一定可以更加顺利地完成这个工作！"因为，只要你和那些关键人物有所联系，当有事情想要去拜托他或是与其商量讨论时，你总是能够得到很好的回应。

这种能与关键人物取得联系的效果，就是借助好人际关系达到的。其实，你编织的关系网越宽广，你做起事来也就越方便。

由此，搭建丰富有效的人际关系网络是我们成功地解决自己工作与生活中的难题、达到成功彼岸的重要因素。

姚崇是唐玄宗时期有名的宰相。在姚崇的朋友之中，有一位叫张宗全的秀才是深谙为友之道的高手，并因此受益，被姚崇提拔为三品高官。

一次，老师要姚崇与张宗全就某个题目做一篇文章，两天之后交给他。他们下去都精心做了准备，将自认为写得最好的一篇交了上去。事有凑巧，姚崇与张宗全所写的内容几乎完全一样，且观点也相当一致。这如何不使老师为之恼火？没想到自己门下最得意的两个门生敢剽窃他人作品，这如何了得？

姚崇据理力争，声明文章绝非剽窃。张宗全也声明自己的作品非剽窃他人，但为了平息老师的怒火，他就对老师说："前两天与姚崇兄论及此题，姚兄高谈阔论，学生深感佩服，遂引以为论。"

老师听到这番话，才知道错怪了两位学生。姚崇则为张宗全的广阔胸襟所感动，于是当宰相后，遂向唐玄宗推荐此人。唐玄宗在亲自考核张宗全的才华之后，便封了他一个正三品官衔。从姚崇和张宗全的故事中我们可以看出：朋友之间相互扶持有多么重要，朋友会帮助你抓住良好的机遇，

成就你的事业。

有首歌里唱道:“千里难寻是朋友,朋友多了路好走。”这个道理已经被无数的经验和教训所验证。人们现在所说的“有了关系,就没关系;没有关系,就有关系了”,无非就是这个道理。

可见,朋友就是你的一座靠山。许多时候,你面临的生活问题、工作问题,单单依靠个人的力量很难解决。但是朋友多了就会帮你出主意、出人力、出物力、出财力,和你一起解决问题,那样你前方的路就变得宽广了。

一个成功人士,往往能带动和影响他身边的人,他也善于理解和接受他们,使自己与他们之间的关系更融洽,达到良好的互动。

就像一匹好马可以带领你到达你梦想的地方,一个好朋友同样可以带你实现自己的愿望。

而且由于彼此之间友情的关系,朋友这一类贵人一般比较忠实。他们有机会、有能力帮你的时候会主动帮你,在没有能力帮你的时候也会事先说明,而不会说一些假话来安慰和欺骗你。

拥有一些忠实可靠的朋友,就是人生最大的幸福。

想要结交到要好的朋友,必须注意以下几个问题。

1. 心胸宽广,宰相肚里能撑船

为人应当心胸宽广,绝不可斤斤计较,好与人比高低、争强弱。善于做人者,一定要有“宰相肚里能撑船”的意念。把自己的开阔胸怀充分展示出来,才能赢得别人的尊敬,即使危机出现时,我们也能够顺利地解决。

这要求我们在社交活动中,必须摈弃个人私欲,不能为一己之私而去斗、去夺,与人闹得面红耳赤,也不能为了炫耀自己而贬低他人。同样,像那种“报复之心”“嫉妒之念”一类私心很重的东西,更不能存在。同时,还要求我们有点忍让精神。无缘无故受到冤屈时,只要对方不是恶意中伤,都应忍耐下去,应主动地“礼让”,从自身找原因,并让时间、让事实来“表白”自己。

2. 以最快的速度解除你们之间的误会

误会,往往是由于人们相互间不理解,缺乏理智,缺少沟通,不加思考,未能多体谅对方、反省自己而引起的。所以,如果什么人做了让你不高兴的事，请先不要忙着指责对方，而要静下心来想一想自己是不是误会了他(她)的意思。如果可以的话，不妨平心静气地约他(她)聊一聊，你也许会发现事情并不是你想象的那个样子。

误会是一堵冰冷的墙，它隔开了彼此的感情交流；误会是一颗不定时炸弹，说不定什么时候就会把大家炸得人仰马翻。

一个小小的误会也常会制造出严重的后果，所以人与人之间产生误会时，一定要以最快的速度想办法消除，不要等到无法挽回时再痛悔自责。

3. 处处为他人留些情面

在工作和生活中，任何人都离不开人际关系这张大网。所以，在为人处世时，如果你处处为他人留些情面，别人也便会保全你的面子，毕竟人活一张脸，树活一张皮。

与人相处难免会产生矛盾，用过激的方式处理矛盾绝对不是一个合理的方法，它伤了人情不说，还会让你毁了自己的形象。何不理智地去看待矛盾，加一些感情因素去面对矛盾呢？说不定你可以从中得到更加珍贵的东西。

这样不仅可以加深彼此间的友谊，而且还等于给日后的交往留了一条后路。

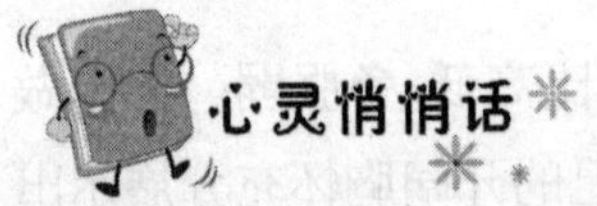

"多个朋友多条路"——几千年来，这个道理已被无数的经验和教训所验证。人们现在说的"有关系，就没关系；没有关系，就有关系了"，也就是这样一个道理。很多情况就是如此，当你无法与关键人物建立密切的朋友关系时，事情往往很难取得进展。可一旦你与他建立朋友关系，无论多么难办的事情都会变得容易起来的。

拥有成熟的人脉网

现实生活中,英雄难过熟人关。有了熟人才有人情,有了人情才好说话,才更容易形成良好的人际关系,才能把别人难办的事情顺利办成。

据美国专业人士分析,如果随意挑出两个美国人来,例如:爱丽丝和约翰,那么,他们相识的可能性只有二十万分之一。但是爱丽丝认识某人,某人又认识另一个人,另一人又认识约翰,这种可能性却要高达50%以上。这就是社会心理学中所谓的熟人链效应。这条熟人链无始无终,如同经纬线一样笼罩着整个地球。社会生活中的每一个人,都是这个熟人链上的一环。而要想在社交场合中游刃有余,就要充分利用熟人链效应。

心理学家认为:世界上任何两个人只要通过6个中间关系,就可以成为同一条熟人链上的某一环。只要你愿意通过熟人的熟人的熟人介绍,我们就能够认识想认识的人,能够办成想办的事。

李平是某学院学工处的一名职员,他与财经系的系主任郭某关系处得非常好,而据小道消息说财金系系主任很可能年内就会调任学工处处长一职。这样看来,李平将来的日子会比较好过了。然而世事难料,年底人员调整时郭某却被调去当图书馆馆长了。这样一来,许多原本巴结郭某的人立刻散得一干二净,让郭某见识到了什么叫人走茶凉。就在这时,李平拿着瓶好酒上门来了,"郭主任,让嫂子做点菜,咱们喝一顿吧!"这正是郭某最难过的时候,李平的出现感动得郭某真不知道说什么好。从那以后李平照样逢年过节给郭某送点儿礼物,有事没事过去聊聊天,喝点酒。一年半以后,该学院的院长调走了,新来的院长把郭某提拔为主管人事的副院长。郭某通过长时间的接触,深知李平的为人和能力,因此提拔他成了新一任的学工处处长。

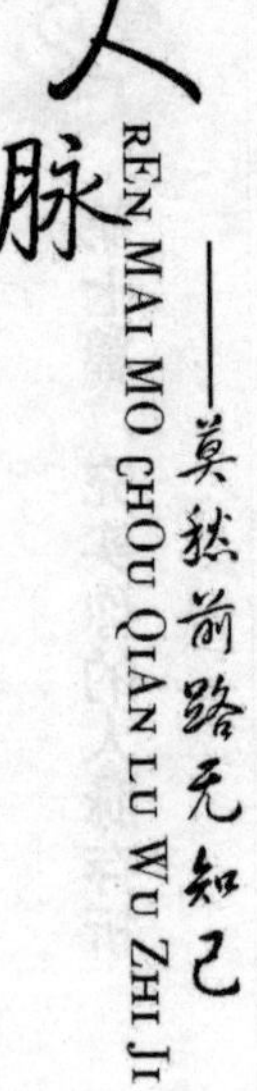

李平的成功得益于他的"贵人"——郭某的提拔，而他之所以能"攀上"这个"贵人"靠的是对朋友的不离不弃的忠诚。我们知道，要得到"贵人"朋友的帮助，不仅要与他建立良好的关系，更要付出真心。

这样的事情在生活中屡见不鲜，很多时候，你会在一个意外的地方，碰到一个你认为绝不会碰上的人；有时在旅途中，你和一个陌生人相遇，聊到了某个话题，结果发现与这个话题相关的某人你们都很熟悉，于是就会感慨：这个世界真小！正因为这个看似很大的世界实际上很小，你所遇到的每一个人说不定哪天会和你有牵连，所以，重视每一个人，才能使熟人链上的每一环都很牢固。

熟人链效应告诉我们：既然人与人之间的联系不是一件难办到的事，那么我们建立自己的人际关系网也不是一件困难的事情，当我们拥有一个广泛的关系网时，在工作和生活中就很容易得到朋友们的帮助。

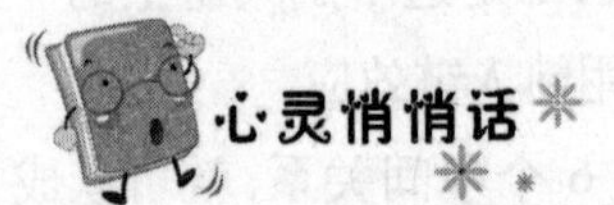

现在的社会是一个以信息为主的社会，不与人交流、沟通就会自我封闭，孤芳自赏。但在交际的过程中，需要注意的是熟人之间的这种"沟通"活动切忌过于频繁。每隔一个月接触一次是不会扰乱自己和他人的生活规律的。然而，如果你每周发一封电子邮件，或者每周都打去电话，就会让人感到你的善意被滥用和过度使用了。

近在咫尺与远在天涯的情

远亲不如近邻

中国有句老话:“一回生,二回熟,三回交朋友。”有一个好邻居,建立一种好的邻里关系,会使我们的生活更顺畅美满。

邻居是我们必须接触的最小单位。邻里关系是最简单也是经常用得上的关系。邻居近在咫尺,他们的适时照顾、帮助,能解燃眉之急,婚丧嫁娶,大事小事,离不开邻居。邻里之间本应该互助互利,但我们必须努力去争取,才能够得到帮助。有一个好邻居,建立一种好的邻里关系,会使我们在家在外办起事来又顺手又方便。

有一位老作家,独住高层,一天不慎在客厅中摔倒,无法动弹。他急中生智,用手中的茶杯拼命敲击水管,终于惊动了楼上的一位小伙子。小伙子跑下来一看,连忙叫了救护车把老人送进医院。老人病愈后和小伙子结成了忘年之交。在这个小伙子的帮助下,老作家在两年以后又出版了一部著作,而小伙子也在老作家的影响和帮助下发表了很多文章。

诚然,在我们日常生活中,这种特殊的情况并不多,但邻居往往能在一些紧急情况下向你提供必要的救助。所以我们一定要正确处理邻里关系,与邻居和谐相处,构筑良好的人际关系。

俗话说“远亲不如近邻”,其意如此。在单位,与上司、同事接触;回家

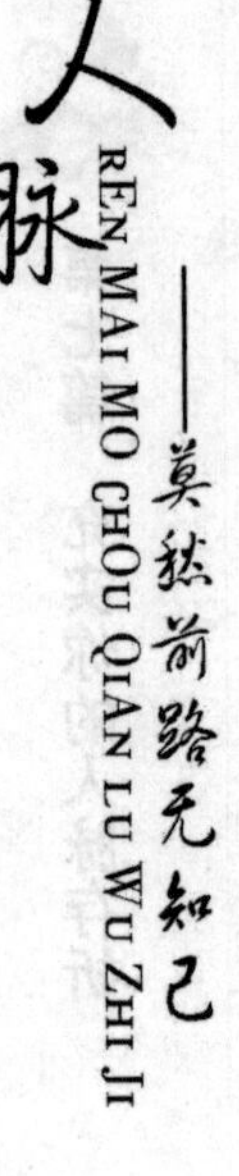

后，自然要与邻居、家人相处。

邻里关系也是一种重要的朋友关系，除了属于自己的那个温馨小家，邻居即成为我们必须接触的最早单位。

亲戚之间，相连的是血缘关系。而邻里之间，没有固定联系因素，只能靠自己掌握合适的度，去把握好关系，而我们也常常发现，人缘好的人，邻里关系也一定很好。

邻居——“近在咫尺”，他们的适时帮助，体贴照顾，能解燃眉之急，这是最大的优点。孩子的成长需要适当的环境，而邻家善良可爱的孩子可以成为他儿时亲密的小伙伴。

有一个好邻居，就能使自己多一位良师益友；有好的邻里关系，更能让自己受益无穷。

天地之间，人们互相依存，必然少不了交往。面对现实，我们仍然要与社会相融，注重人际关系已成为现代发展的必然趋势。

那么怎样正确处理邻里关系呢？

1. 距离产生美

邻里之间要注意保持一定的距离，每家都希望有一个独立自主的空间，所以邻里之间的交往必须有一定分寸，也就是保持一定距离，不要接触得过多。保持距离也省去了由于交往过密所带来的副作用，交往愈深，需要付出的精力和时间就愈多。现代人的生活时间非常有限，一天的时间安排好之后，便不能被别人打乱，与邻居聊天虽然可以放松一下、交流交流感情，可一天的计划也就全泡汤了。有一些人，如记者、作家、画家，他们都认为时间很宝贵，所以不要无故找他们聊天。

另外，邻里之间不要对别人的私生活说三道四，邻里关系再亲密也只有分享友情的权利而绝没有“干涉内政”的权利。如果你不小心得知了邻居的某些隐私，此时只有三缄其口，沉默是金，千万别为一时的嘴头痛快，把邻居的隐私当成搬弄是非的材料。所以邻里间都不互相打听人家的私事，也不传播这一类的信息，大家会相处得更加和睦。

保持距离也可以使邻里关系富于弹性，说得来便可多谈一会儿，说不来彼此客客气气也不失为一种礼貌。这种亲疏有别、进退自如的邻里关系倒正好给我们提供了更广阔的交往天地。

2. 交往礼为先

邻里间的交往不像在生意场合或其他正式场合，并不需要处心积虑地注意许多问题。人们在一种自然、淡泊的交往中感受到轻松悠闲的生活乐趣，所以在这种交往中礼貌显得格外重要。

邻居本来是素不相识的陌生人，见面时彬彬有礼地打个招呼或大家点头微笑一下，是最能消除陌生感的方法。大家共同出入一个院门，如果碰到邻居却昂首而过，旁若无人，相信邻居心里未必舒服。你不理别人，别人也不会去巴结你，谁知道你心里在想什么呢？遇到这种情况时，只要有一方稍微主动点儿，说上一句"下班啦"或"要出去啊"就可以打破这种局面。一旦打破了，双方的交往就会从此开始，关系就会从此好起来。

邻里交往不需要考虑财势、地位。大家既然居住在一起，见面都是好邻居，谁也不比谁高，谁也不比谁低。只有平等相处、互相礼让、尊重他人才能得到他人的尊重。所以说和谐融洽的邻里关系，是从你对别人的第一声问候开始的。

3. 多帮邻居好处多

生活中，许多公共利益需要大家来共同维护，如卫生、消防、绿化，等等，你多做点也没有什么害处，不要斤斤计较。

生活中总有一些事情不能用金钱利益来衡量。你多扫一次楼道，保持了环境的清洁，不要去算自己是亏了还是赚了，你只要做了就是赚了。谁都不能保证自己总是一帆风顺，邻里间有了困难要主动、热情地帮助，千万不要关起门来不理人。有时帮人不过是举手之劳，却能为邻居解决困难、减轻痛苦，减轻负担，你不是也从中得到快乐了吗？只要邻里之间彼此携起手来，生活会变得更加美好。

4. 化戾气为祥和

有时候邻里间少不了为些小事闹出点误会，处理这些事最好的办法就是付之一笑，大事化小，小事化了。只有互相忍让，宽以待人，才能化干戈为玉帛，因为平和的日子比吵闹更重要。

胡、李两家相邻，虽然各自有一个洗手间，却共用一个厨房，胡家为省水费，就把洗碗、洗衣服什么的都搬到厨房里来做。而李家认为分担了胡家的水费，心中自然不平衡，便把拖布也拿到厨房里冲洗，一时间厨房里成了下水道，两家的关系也随之紧张起来。过了段时间，李家想开了，不再为这点小事与胡家较劲，主动在自己的洗手间里冲洗拖布，胡家也自知过分，不再在厨房里洗太多东西，自此两家的关系又趋正常。

有些人喜欢占点小便宜，其实大可不必与他们怄气。占小便宜的邻居也并非不讲理，只要你做得让他们感到惭愧，他们自然就知道纠正自己过分的行为。如果邻里间发生了矛盾，千万不要互不相让，需要讲清的事情，应平心静气地坐下来协商，在交换各自的意见后共同商讨如何解决。如果已经发生了争吵，伤了和气，也可以主动寻找机会向对方道歉，消除成见、化解矛盾，只要你先做了让步，邻居自然会有所反应，因为他也像你一样渴望和睦平静的生活。

邻里之间，低头不见抬头见，如果处理不好邻里关系，两家打来骂往，谁也过不了舒心的日子。所以，我们一定要正确处理邻里关系，彼此真诚相处，和和气气，这样你不但能拥有祥和宁静的生活空间，而且遇到急难之时，邻居说不定还能助你一臂之力。

如何处理好邻里关系是一个不容忽视的问题，因此建议邻里之间彼此多多关照，这样，一旦有个大事小情，大家互相帮助，不仅邻居方便，自己也方便。

亲不亲，故乡人

中国人特别重视乡情，来自一个地方的两个人，会因此在他乡乃至异国彼此扶助而建立起感情或长久的关系。这种难忘乡情的行为自古有之。

当今社会人口的流动性很大，许多人离开家乡到异地去求职谋生。身处陌生的环境里，拓展人际关系有一定的难度，那就不妨从同乡关系入手，打开局面。

在外地的某一区域，能与众多同乡取得联系的最佳方式是“同乡会”。

在同乡会中站稳了脚跟,跟其他老乡关系处得不错,那就等于结交了一个关系网络。也许,有一天,你就会发现这个关系网络的作用是多么巨大,不容你有半点忽视。

中国的老乡关系是很特殊的朋友关系,也是一种很重要的人际关系。既然是同乡,当涉及某种实际利益的时候,“肥水不流外人田”,只能让老乡“近水楼台先得月”。也就是说,必须按照“资源共享”的原则,给予适当的“照顾”。

当然,对于同乡关系,我们要学会结、学会拉,这样才能收到良好的效果。老乡关系与其他关系不同之处就在于,老乡之间的关系是以地域相连的,有一份“圈子”内的温情存乎于心。

用家乡话作见面礼,可以说是独树一帜的拉近与同乡关系的方法。在这里,有一点相当重要:那就是运用这种方法的场合,最好是在异乡,因为在异乡才会有恋乡情结,才会“爱乡及人”,这时再来个“他乡遇老乡”,哪有不欣喜之理。对方离乡愈久、离乡愈远,心中的那种情就愈沉、愈深。老乡之间除了可用“乡音”引起共鸣外,“乡产”也是一样,它是很普通的东西,本身也许并不贵重,但在“乡产”上所饱含的情意却非“乡外人”能看出来,体会出来的,它会起到勾起老乡思乡之情的作用,然后会在这种感情的支配下,对你这位老乡“另眼相看”,照顾有加。

我们应该借用乡情关系作为自己接洽、联络人的纽带。对于同乡关系,只要不搞歪门邪道,没有到“结党营私”的程度,则完全是可以善加利用的。

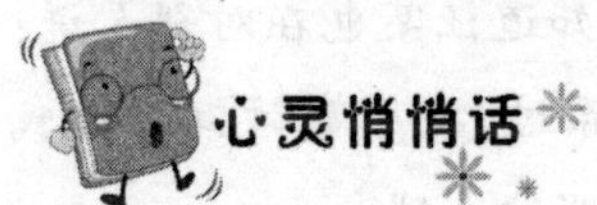

老乡见老乡,有事好商量。老乡关系是一笔巨大的人际关系财富,只要你运用得当,你就会广结人缘。需要老乡帮忙的时候,你就可以“近水楼台先得月”,涉及某种实际利益时,老乡当然不会让“肥水流入外人田”。如此看来,搞好老乡关系,可以让你一辈子受益无穷。

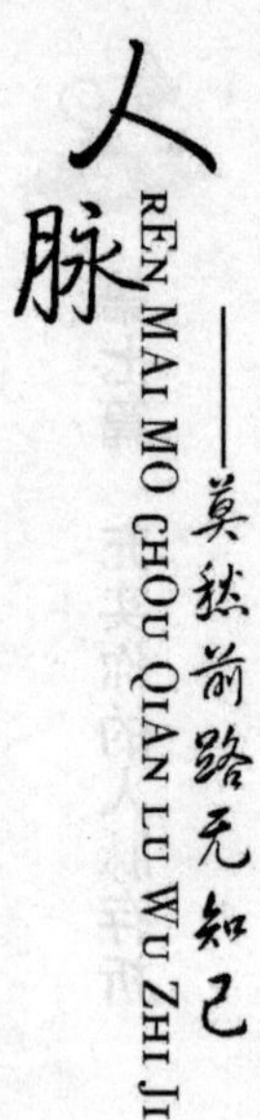

好人脉靠经营

同学之间常联系

“千金易得,朋友难寻。”真正的朋友不是从我们出生起就在我们身边的,朋友需要我们用心去寻找。当你付出了真心的爱与关怀的时候,相信就会有相同的有心人走入你的视线。

一转眼,赵曼已经毕业四年多了,在三年的东奔西跑之后,终于在北京某公司做了一个业务员。2010 年 7 月,他奉命去上海联系一项业务,到了那里以后才发现,对方公司的客户经理汪某正是自己的大学同学。赵曼很高兴,心想看在老同学面上,对方怎么也会照顾着点。谁知汪某对他却并不热络,根本没有一点儿照顾他的意思,这让赵曼又怨又气。两个星期后,赵曼回到了北京,逢人就说同学关系靠不上,他不知道汪某也在对别人说:“就是一个大学同学,毕业以后从来都没跟我联系过,要办事时倒想起我了! 我又不是垫脚石,用得着时搬过来,用不着就踢过去!”

赵曼平时不注意维护同学关系,结果在需要同学帮忙时碰了钉子。这并不奇怪,你与老同学在分开后不相来往,有事时再去找人家,人家怎么会乐于帮忙呢? 同学关系是朋友关系中最重要、最得力的一种,所以平时你一定要注意与同学保持联系、密切往来,这样在你办事儿的时候才能借上力。

有人说:"同学之情只有几年,一旦缘尽则情尽,没什么可值得留恋的。"这其实是很错误的想法,要知道,大千世界,茫茫人海,既为同学,实是缘分不浅。虽然相处时间不长,但这中间的关系值得珍惜,值得持续下去,这不是多此一举,而实属必要!当你与同学分开后,还能保持一种相互联系、愈久弥坚的关系的话,那对你的一生,或者说对你将来所要达到的目的与理想是会有很大好处的,这其中的有利方面,也许是你所未想到的。

如果把你的小学、中学、大学同学的联络方式都收集起来,你就会发现,这已经是一张编织得非常庞大的网了。何况有时会与比较要好的同学的朋友也相处得不错,关键的时候也可以互相帮助。

蒋磊已经在商业界非常有名了,但是他有一个非常独特的习惯,无论走到哪里,他都会把"同学录"带在身上。已经拿到了 MBA 证书的他,同学遍布祖国各地,甚至海外。平时每到一个地方,他总是设法和同学们聚一聚,回忆一下往昔,以便加深感情。也许目前并没有什么事儿需要同学们帮忙,还有可能是帮同学的忙,但是他明白,同学这张网,如果经营得好,是大有益处的。

同学这种关系需要精心维护,如果平时不联系,需要帮忙的时候才想起人家,很可能得到寒心的结果。

能为同窗,实属有缘,大千世界,芸芸众生,此缘足惜,应当珍惜。

谁没有几位昔日同窗,说不定你们当年纯洁的友谊还存留在他们的记忆中,千万不要把这种宝贵的人际关系资源白白浪费掉了。从现在开始,你就要努力地开发和利用这种关系,这样你的人缘会越来越好,办起事来路子也会比别人多几条。

常聚常会,汇聚人脉力量

不要总是孤立别人,不要对别人的悲喜哀乐漠不关心。因为,当你孤立别人的时候，其实最终孤立的总是你自己。

有些人做人往往过于功利，平时对人不冷不热，甚至还冷嘲热讽，有事时却像是换了副脸孔似的，又是送礼，又是送钱，显得特别热情，但这样的人做人往往很难成功。因为，人与人之间的关系会随着平时联络的增加而加深，久不见面的朋友自然会日渐疏远。

那些斤斤计较这些小钱的人，很难拓展自己的人际关系。虽然上班族的收入很有限，得靠省吃俭用才能存一点钱。但是，因此而失去了所有与朋友来往的机会，可就得不偿失了。更何况有许多人是斤斤计较这些小钱，却又对大钱毫不在乎，这实在是本末倒置的做法。

在外面奔波的人不妨利用机会顺路探访久未见面的朋友，即使是 5 分钟也可以；或是利用中午休息时间和对方一起吃顿便饭。虽然只有短短的 5 分钟，但对与对方保持长久联系非常重要。

大家一起喝杯茶，不论是迎新送旧还是偶续情谊，找各种理由大家一块儿聚聚，这不只是大家互相联络感情，也是松弛一下紧张许久的神经的好机会。人原本就有喜新厌旧的习性，比起早已熟知的朋友，新朋友更能吸引我们的好感而频频与之接触。

与人交往，最忌讳的是急功近利，因为这样就成了一种买卖，说难听点就是一种贿赂。如果对方是有骨气之人，更会感到不高兴，即使勉强接受，也会不以为然。

平时不联络，事到临头再来抱佛脚也来不及了。人脉不只在建立，也要重视平时的“经营”，否则时间长了，人脉也变成了冷脉。每一种人脉关系都需要靠平时的积累和经营，这在我们有困难的时候将会是非常有帮助的。

1. 亲戚之间多走动

虽然从某种意义上讲，亲戚关系本来就是存在的。但是亲戚之间也需要经常走动，需要你来我往，这样才能加深彼此的感情，求人办事的时候才能更顺利。

与亲戚建立更为融洽的关系，是活用亲戚关系办事的前提。但这种融洽的关系不是一朝一夕就能形成的，必须依靠平日里一点一滴的积累。只有不断地构建和巩固，亲戚关系才会牢固。有了牢固的关系，亲戚会愿意

帮助你,而只有亲戚之间常来常往,才能建立牢固的关系。

总之,亲戚之间应当经常走动,在平时一点一滴积累感情,到关键的时刻才能互相帮助。

2. 同学之间常联络

在人际交往中,我们一定要重视同学之间的友情。牢记这一点:同学关系能在危急关头帮上大忙,或许还能帮助你成就一番事业。但是,如果与同学分开以后,从来就没有联络过,别说请同学帮忙办事了,可能他连你姓甚名谁都记不起来了。认识到了这些,就要与过去的老同学经常保持联络,加深彼此之间的感情。这样,在必要的时候才能得到同学的帮助。

3. 再熟的感情也要感谢

在讲求效率与人情的现代社会,电话或者电子邮件可以轻松地帮助我们加强彼此之间的联系。相信大家都有过这样的经验,借着“电话树”的功用,一个消息很快呈放射状传播出去。就像棒球比赛,棒球选手在跑回本垒时,一定要绕球场踩过每一垒垒包,人际关系也是如此,如果不做踩垒的动作——随时与人保持联络——迟早要被淘汰出局。

示意熟人你已经得到了他们的帮助,即使这种帮助的价值不大,也会鼓舞他们的热情。千万不要认为,大家这么熟,一点小事情,不必放在心上,更不用表示感谢。对方帮助你,因为你是他的朋友,也许他并不需要你的感谢,但如果你向他表示感谢,我想对方一定很高兴,至少说明你对他行为的肯定。

人与人之间感情需要频繁的沟通才能巩固。联系的越多,储备的感情就越深厚。通常情况下,当我们初识一群人时,交际中进展速度跟接触的频率成正比。也就是说,如果你跟某位刚认识的朋友刚开始时总是有机会接触的话,你们的关系很快就会变近,形成比较亲密的群体。

第八篇

交友禁忌需注意

其实人这一生有什么样的朋友直接反映他是一个什么样的为人,好朋友就是一本书,他可以打开整个你的世界，也就是我们经常说的物以类聚人以群分。什么样的人你只要观察他的社交圈子,从这样一个外在环境是可以看到他自己内心价值取向的。那么论语中鼓励交什么样的朋友呢?很简单,孔子说:在这个世界上,益者三友,损者三友;友直、友谅、友多闻,益矣;友偏辟、友善柔、友便妄,损矣。

就算是真正的好朋友,我们与之相处也要注意一些交友禁忌,才不会引起别人的反感。

别让你的朋友渐渐离你远去

不做斤斤计较的人

在与朋友相处的过程中，一定不要做出一些吝啬之举，不要让朋友觉得你是个吝啬之人，从而损害你的形象，最终使朋友远离你。

在交际场上，每个人都想以最小的“投资”得到更多的朋友，但是，如果你被别人认为是一个吝啬鬼的话，那你可能就结交不到朋友了，即便是与你有交情的朋友，也可能会因为你的吝啬而远离你。吝啬鬼的形象对人脉网络中的人而言，是十分不受欢迎的。

在很多人，特别是生意人的思维方式中，任何事情都是一笔可以用数字来衡量的交易，每一件事情都可以用成本的方式加以量化，要想得到最大的收益，就要精打细算、讨价还价。他们认为，只有最大限度地降低成本，自己才能有利可图。长期在这种心理的作用下，这些人很容易惯性地将这种不断降低成本的“吝啬”观念用在与人的交往方面。

在交际场上，他们也会用成本的观念来衡量人际交往，如与朋友或客户聚餐付账时，他们会畏畏缩缩地往后靠；当与朋友洽谈业务时，他们也会不择手段地为自己谋取利益；当朋友送他一件礼物时，他也会从中计算利益得失去回报朋友等，这种省钱的行为，不是有经济头脑，而是非常不明智之举，也是得不偿失之举。主要因为，在交际场上，没有人喜欢和吝啬鬼打交道，他的那种省钱之术，会很容易被朋友看穿，最终成为大家在背后指指点点的把柄，严重损坏了自己在朋友中的权威形象，最终让朋友都丧失对自己的尊重与信任。

齐俊是北京一家小家具公司的老板，在朋友眼中，他就是一个十足的“吝啬鬼”。因为他的吝啬，他也失去了许许多多的朋友。

有一次，齐俊在一个客户那里谈合作的事情，上午合同签完后，客户为了表示诚意，就安排说要一起出去吃个饭，庆祝一下。齐俊因为与对方签成了合同，按理说他应该主动去付餐费，但是在用完餐后，齐俊想，反正合同已经签好了，这顿饭是客户要请的，再说也是在他们的地盘上，自己完全可以不用去付费。所以，他就一直坐在那里一动不动。旁边的秘书提醒齐俊该去结账了，但是齐俊却狠狠地瞪了秘书一眼。这一切都被客户看在眼里，最终还是客户付了餐费。

不久后，客户方就因为齐俊公司配的货不符合质量要求而毁约，让齐俊损失很大。后来，他才从有关人员口中得知，这一切都是因为那次聚餐自己表现得太过吝啬，才使客户对他产生了不信任感。

齐俊因为精打细算的举动而给对方留下了吝啬的印象，从而让他损失了一笔生意。由此可见，吝啬虽然不算大问题，但是却能给人造成巨大的损失。如果你想让自己更成功，想得到更多朋友的帮助，那就千万不要成为吝啬鬼中的一员。

在生活中具体应该如何去做呢？

1. 改变观念

在交际场上，绝对不要以成本的概念去对待朋友，因为结交朋友绝对不是一种讨价还价的事情。交友过程更主要体现出的是一个人的价值观念，其中包括你是否宽宏大量、可尊可敬，是否关爱他人、珍视与周围人的情意。如果你想得到更多的朋友，赢取更多的客户，那你应该要改变“成本”观念，以情意为衡量标准，知道哪些地方是该省的、哪些地方是不该省的，最终赢得更多的朋友，获得更大的经济收益。

2. 适当牺牲

在平时的生活中，你应该在个人花销合情合理的前提下，适当地做出牺牲，这样才能让朋友认为你是一个诚恳的人，是个值得结交的人。比如，

在与朋友或者客户进餐后，你要主动去付餐费；在朋友生日时，给朋友送点小礼物；对于与自己经济上有来往的朋友，你要尽量对他人合情合理的要求给予肯定的答复；在条件允许的情况下，还要主动捐款、做善事等。

把自己放到朋友的位置思考

要想钓到鱼，就要像鱼儿那样思考。唯有当你通彻了鱼儿的心理，了解了鱼儿的需求，悟到了鱼儿的目的、鱼儿的欲望、鱼儿的强弱式，你就能投其所好，赢得鱼儿的好感，只有这样鱼儿才肯于"上钩"吧！

生活中，人们难免会遭遇各种矛盾，如果能做到"换位思考"乃至"换位体验"，从对方的角度出发去分析问题、感受体验，那就容易理解、容易沟通了。换位思考和换位体验，就是把自己放到对方的位置，站在对方的角度来考虑问题，去感受和体验生活中的酸甜苦辣。通过换位思考，了解对方的需求，体谅对方的感受，从而相互了解、相互尊重，达成共识。

多年来，罗兰爵士常会到离家不远的公园中散步、骑马，以此作为消遣，就好像古时候高尔人的传教士一样。罗兰爵士很喜欢橡树，所以每当他看见一些小树及灌木被人为地烧掉时，就感觉非常的痛心。这些火不是由粗心的吸烟者所致，它们多半是由到园中野炊的孩子们摧残所致。有时这些火蔓延得很凶，以致必须叫来消防队员才能扑灭。

公园边上有一块布告牌，上面写道："凡引火者应受罚款及拘禁。"但这布告竖在偏僻的地方，很少有儿童看见它。有一位骑马的警察负责照看这一座公园，但他对自己的职务不太认真，火仍然经常蔓延。有一次，罗兰爵士跑到一个警察那边，告诉他一场火正急速在园中蔓延着，要他通知消防队，对方却冷漠地回答说，那不是他的事，因为不在他的管辖区中！

罗兰爵士由此变得有些愤怒，所以从那时起，每当他骑马的时候，就担负起保护公共地方的义务。最初，罗兰爵士并没有试着从儿童的角度来看待这件事。当他看见树下起火时就非常不快，急于想做出正当的事来阻止他们。由此他作出的举动就是上前警告他们,并用威严的声调命令他们将火扑灭。而且,如果他们拒绝,罗兰爵士就恫吓要将他们交给警察。但是他没有注意到,自己只贪图发泄自己的情感,而没有考虑到孩子们的观点,

结果就是,那些儿童遵从了——怀着一种反感的情绪遵从了。但当罗兰爵士离开他们以后,这群反叛而充满仇恨的孩子们又重新生火,并恨不得烧尽公园。

沟通是一门艺术,在沟通的过程中,适当地运用换位思考,可以使沟通更有说服力,更容易达到沟通的目的。生活中有时会发生这种情形:对方或许完全错了,但他仍然不以为然。在这种情况下,不要指责他人,因为这是愚蠢的做法。你应该了解他,而只有聪明、宽容、特殊的人才会这样去做。

对方为什么会有那样的思想和行为,其中自有一定的原因。探寻出其中隐藏的原因来,你便得到了了解他人行动或人格的钥匙。而要找到这种钥匙,就必须诚实地将你自己放在他的地位上。

假如你对自己说:“如果我处在他当时的困难中,我将有何感受,有何反应?”这样你就可以省去许多时间与烦恼,也可以增加许多处理人际关系的技巧。

交际艺术是一门大的艺术,它不仅表现在对自我的了解上,而且要求学会换位思考,设身处地地想想别人的需求。只有我们知晓对方需求的时候,才能找到合适的交际手段,让交往更顺畅,让生活更舒坦。

在一个石油公司中有一个推销员,他特别希望成为他所属区域里业绩第一的推销员,可就是因为一处加油站的清洁问题,引起了汽油销售量下降,他的业绩也受到了很大的影响。他的心情很坏,决定去改善。

这个区域加油站的经理是一名老员工,无论这位推销员怎样请求他把加油站的清洁搞好,他总是仗着自己资格老,根本不把推销员的话放在心上。经过多次劝导,多次诚恳的谈话,都没有产生任何效果,这个推销员不得不另想办法。

推销员邀请这位经理去参观一处干净整洁的加油站,这时候他手指着

加油站对这位经理说:“如果你是顾客,你是愿意到这样一个干净的加油站加油呢?还是愿意到你那个脏兮兮的加油站加油呢?”这样劝说的效果很明显起到作用了。这位经理感到非常不好意思,他回去后采取措施,当他的加油站再次出现在这个推销员面前时,比上次他们去参观的那座加油站还要整洁干净。

可想而知,这座加油站的销售量大大增加,而这个推销员也实现了区域内推销业绩第一的目标,达到了双赢的效果。

所以,在与他人交往或生活时,每个人应该换位思考一下,尽可能体会并满足他人的需要,这样才能建立好的人际关系,减少交往中的摩擦和困难,达到双赢的效果。

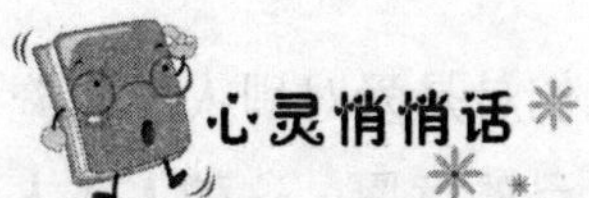

在处理自己的人脉网络的过程中,你要时刻考虑到对方的目的和需求,当你能够做到时刻像对方那样思考的时候,你和合作伙伴之间的合作关系才有可能是地久天长的,你的利益也才有可能是受到长久保障的。

人生不要唱独角戏

独乐不如众乐

在与别人交往的时候，经常有这样一种人，他们总是爱对别人发号施令，自己说什么就是什么，绝不允许其他人违背自己的意愿。这种人在人际交往的舞台上唱的都是独角戏，他们往往只在自己的生活圈中扮演主角，极难融入其他人的世界中，结果只能招来周围人的厌恶。

张俊是新上任的部门经理，被公司总部派过来管理上海的具体工作。在来上海之前，总部就有点担心他的到来会给大家带来一些尴尬的事情。因为张俊本身是有工作能力的，但是，由于其长期担任公司的领导，养成了爱发号施令的习惯。

果不其然，张俊来到这里后，不经意间看到公司凌乱的管理制度，心中难免有些不快，就开始着手整顿，并制定了极为严格的管理制度。大家都只得按照管理制度来，导致公司的工作气氛变得极为紧张。上班时，唯一能听到的就是他对其他员工发号施令的声音，而其他员工之间除了工作还是工作，没有任何交流的时间。

为此，公司上下所有的员工都极害怕张俊，如果没有工作上的事情，大家都不会主动找他谈心、沟通。时间久了，张俊也觉得孤单与寂寞了，感觉自己独自来到上海，却没有一个能聊得来的朋友，很是失落。

其实，这类事情并不仅仅发生在管理与被管理的场景中。在一个圈子中，始终只发出一个人的声音，会显得十分不和谐，总会有那么一天，会有人不甘心做不出声的道具。最终这个圈子要么貌合神离，要么渐渐地散去。

那么，在交际场合，如何才能做到与朋友相处得更为和谐呢？

1. 不要在朋友中喋喋不休

除了在圈子里喜欢发号施令的独乐者之外，喋喋不休的人更是招人讨厌。也许，那种占绝对主导地位的人制造的独角戏，由于强制性的原因还可以笼络一部分的观众，但是喋喋不休的人只会招来其他人不断的唾弃，最终使众多的人都远离他。

2. 放平心态，给对方唱主角的机会

要记住：**永远不要以为你比其他人高出一等，要以平等的心态与别人交往；除了倾诉，更要学会倾听。**每个人都要给别人说话的机会，因为大家都是平等的，并且永远也不要介意别人有可能成为主角。

一人独乐，也许只能享受到一刻的快乐，而与众人皆欢，则能获得更为长久的快乐。因为与众人在一起，随着圈子的扩大，快乐的元素也会在不断地增加，是一个人所享受不到的。

以“你”字为中心，把对方作为交谈的重点

每个人最为关注的还是自己，所以与初次见面的人交谈时，多说一些有关对方的话题，会使对方觉得你在关注他或者在重视他，从而就会激发对方的表达兴趣，并使其有一种莫逆之交的快感。

以“你”字为中心与对方交谈，容易得到对方热烈的回应。比如，“你这条裙子真漂亮，这是什么牌子的？”“你在公司的早会上发言真精彩，能不能说一下，你为什么觉得那种销售模式不可行？”“你的球打得很棒，你还会哪些体育运动？”也可以围绕对方的职业展开话题，例如对方是警察时，则可以说：“当警察很威严，你能不能告诉我如何才能当一名合格的警察呢？”等，这样就势必会激发对方的讲话热情，使你们的交谈更为顺利。

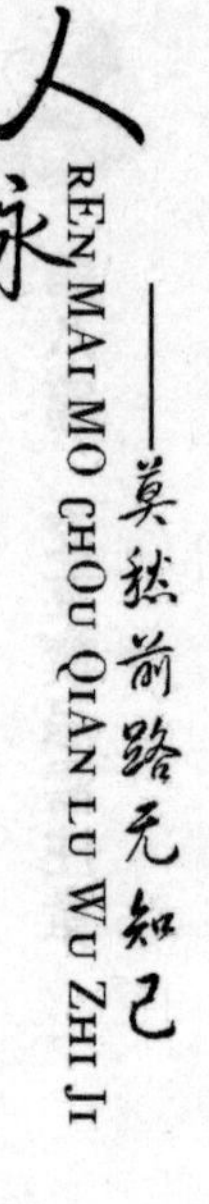

为什么以“你”字为中心的话在人际交往中起着如此大的作用呢？

心理学家作出了这样的解释：“当我们是婴儿时，都认为自己是宇宙的中心，任何东西都是自己的，而世界上的其他事物都是为自己服务的。我们在那个时候都是以我为中心的小人儿，我们的脑袋不管遇到什么事情，都会本能地问：‘那和我有什么关系？’在长大后，仍然保留着这种思维习惯，不管遇到什么事情都会本能地问自己：‘那和我有什么关系？’”所以，在交往中多以“你”字为中心进行讨论，就一定会使对方感到兴奋，进而更愿意与你结交。

孙波是某外国语大学大二的学生，在一次大学生演讲比赛中，看到女生徐蕾说得一口流利的英语，就很想与她结交。等比赛结束了，孙波就走过去，对徐蕾说：“你今天的演讲真是太精彩了，这次大奖非你莫属了！”徐蕾很高兴地说：“谢谢！”

后来徐蕾果真得了奖。颁奖过后，孙波就走过去对她说：“真的恭喜你！看到你英语讲得很好，以后能否帮我纠正一下我的发音？”徐蕾很爽快地答应了。从那以后，两人就成为好朋友。

这就是“你”字的力量。孙波在与徐蕾结交的过程中，一直是以“你”字为中心的，最终达成了自己的交际目的。实践证明，在与陌生人结交的过程中，多使用以“你”字为中心更能够走进朋友的内心，让对方更愿意与你进一步交往。

> 你只有站在与对方平等的立场上，才能让对方理解你，同时你才能够判断对方想要的是什么，最终才能与对方成为朋友。要把对方作为交谈的重点，必须要在开口之前，注意观察一下对方如穿的什么、在做什么、在说什么、在读什么等，然后，再以“你”字为中心与他们交谈。

交朋友切忌以自我为中心

不要按照自己的标准要求别人

在生活中,有许多人总是这样抱怨:“我也非常希望自己身边有几个要好的朋友,但是,我现在周围的那些人实在是太差劲了!”

有这种想法的人,永远也难以结交到自己最知心的朋友,因为你对朋友的要求太高,哪一个人会愿意与依自己情绪去办事的人结交呢?

董倩从小学习十分优异,人也长得漂亮,是学校里老师与同学喜欢的对象。郑丽是与她一起长大的小玩伴,又进了同一所大学,所以两人也算是要好的朋友了。但是,郑丽却没董倩这么优秀。她学习成绩一般,长相也不出众,所以,在董倩面前她就像一个“丑小鸭”。也正因为此,郑丽一直都比较低调,董倩说什么,她就会听什么,很少有抱怨。

有一天,郑丽从图书馆回来,就听到了董倩对自己的咆哮声:“你干什么去了?我在这里等了你一下午!”

“我……我去图书馆了。中午我看见你在睡觉,就没想打扰你……”郑丽怯怯地说。

“你不知道我下午要去逛街吗?我一个人怎么拿得了那么多东西!都是因为你,我下午哪儿也没去成!”

“你……”终于,郑丽忍受不了了,眼泪流了下来。她不明白,为什么自己最好的朋友要把自己当作奴隶对待。于是她拒绝了继续与董倩交往,说

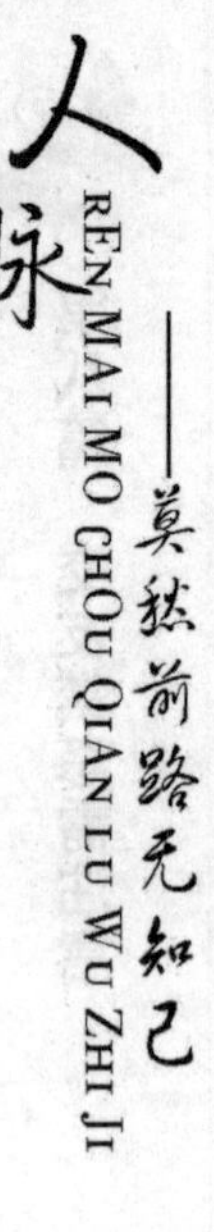

自己也有自己的生活，以后还是少在一起的好。

从此，董倩少了一个亲密的朋友。

董倩对好朋友要求太高，最终使对方在忍无可忍的情况下，远离了她。相信现实生活中，像董倩这样的人有很多，他们经常对朋友要求得太过苛刻，总要求朋友为了自己而放弃他们的利益，这样，别人自然就会感到他们太自私，也就不再愿意与之结交。所以，在与朋友交往或相处过程中，不要总是从自己的角度去考虑问题而不顾及对方的感受，要给对方充分的自由空间，这是你们友谊保持长久的根本方法。

要知道，你的朋友并没有帮助你的义务，他不欠你什么，他肯帮助你是情分，他不帮你是本分，如果你对他一味地苛求，最终只会使他远离你。

要想与朋友和谐相处，具体要如何去做呢？

1. 多站在朋友的角度考虑问题

人们之所以对朋友提出各种各样的要求，其最重要的一点就是总是以自我为中心去考虑问题。如果想改掉自己的这个坏习惯，首先就应该学会多站在朋友的角度去考虑问题。

与朋友相处时，一定要谨记两个字：平等。可以说，平等是维护友谊的基础，也是维护友谊的重要纽带。哪怕你比对方的条件优越，也不要看不起那些境况不好的朋友，更不要对他们指手画脚，在他们面前表现出一种居高临下的态度。这样做，不仅会让你失去朋友，还会失去特殊的稀缺资源，对你扩展人脉关系网是十分不利的。

所以，无论是与相识已久的老朋友在一起，还是与刚刚结识的新朋友在一起。都应该以平等的态度去对待他，不要奢求对方如自己想象的一样能够满足你提出的所有要求。要知道，朋友与你的关系再亲密，也终究不是你，他们不能完全按照你的意愿来生活，这也是交友时不可逾越的雷池。如果你发现自己有要求朋友的习惯，那么就一定要积极地改变，否则等朋友离你远去时，会让你后悔莫及。

2. 遇到问题积极沟通

与朋友相处时，难免会与对方发生摩擦，这时候，你应该主动寻求解决方法，化解其中的误会，而不是等着朋友来找自己，否则，你们的友谊就很

难再持续下去。有时候，还有可能会进一步恶化你们之间的关系，让双方都陷入痛苦之中。如果在矛盾发生后，你能够心平气和地与对方交谈，解释清楚其中的原因，这样就能尽快消除隔阂，甚至会加深友谊。

总之，别对朋友要求太高，朋友毕竟不是父母，不能总要求他们为自己做什么，苛求朋友是一种极其自私的表现。

你不是一个审判官

在诸多电视剧中，都有审问犯人的场景。的确，那种气氛是比较死板和严肃的。对于警察们来说，这是一种职业需要。但是，在现实生活中，有些人由于不注意交谈的场合和氛围，与陌生人说起话来总会有一种咄咄逼人的感觉，就好像在审问犯人一样，使谈话的气氛愈来愈僵，这样的交谈注定是极为失败的。

你可以试想一下，如果你与你的朋友进行交谈，对方以审犯人的口气与你说话，你是否愿意与这样的人再进一步地结交呢？你是否会这样想：你以为你是谁呀？难道还真把自己当成凌驾一切的“大人物”了不成？

要知道，不管你用什么样的方式与别人交往，要遵循的最基本原则就是平等。这个世界上并没有谁的思想或者地位是真的高于别人的，只有切实做到与对方平等地相处，才能让对方对你报以同样的热情。

韩伟是一所著名大学的教师，平时不苟言笑，极为严肃。与别人讲话时语言总是极为生硬，而且脸上的表情也显得极为木讷，所以。他周围的学生与同事只要是与他第一次交流后，都不再愿意与他交往了，有的甚至还十分讨厌他。其实，韩伟本人很好，就是平时与别人交流的时候，不太注意自身的言语与表情。

有一次，一个学院新来的教师向韩伟请教教学上的问题，韩伟就对那位老师说：“这种问题还用问，不是有很明确的答案吗？做大学教师的怎么连这么简单的问题都搞不明白？”说着这样的话，表情也十分严肃，使得那位新来的教师极为难堪，从此以后再也不敢与韩伟多说话了。

人的心理是极为脆弱的，在交流的过程中，如果你的表情过于严肃、呆板、语气太生硬，只会使对方对你敬而远之。当然了，如果韩伟在平时多注意一些交际技巧，是很容易改变这种局面的。

那么，如何才能避免审问式的谈话，从而让交谈成为一种享受呢？

1. 选择比较轻松的交谈场合

从外部条件来说，一个适当的环境相当重要。要依据谈话的目的，选取适合讨论的地点，不要距离对方过近，不要总是高声表明自己的观点，而且自身的姿态也要放轻松。这样可以避免给对方造成压迫感，一个轻松的环境自然能营造出一种轻松的气氛，更能够让对方心情放松地向你倾诉内心的想法。

2. 学会运用笑容与敬语

笑容和敬语是必不可少的，只要有了这些，大都能给人一种亲切和蔼的印象，而不会有压倒性的紧迫感，从而让对方乐于和你交谈。

就算真的是在审问，这个过程同样也是为了得到对方的信息，越是强迫反而越得不到想要的东西。站在平等的立场，容易让人产生信任感和安全感，信息就是通过这种途径，以自然自愿的方式流露出来的。

审问式的谈话，就好像一个人不停地说，而你谈话的对象甚至都不曾开过口，即便是开口了，你得到的也只是一个机械式的答案。这样的交谈当然会以失败告终。所以，平等的交谈才是实现沟通的方法。语气放平、气势放低，这样才能在交谈中互相理解，顺利地达到交际的目的。

不管你用什么样的方式与别人交往，要遵循的最基本原则就是平等。因为只有站在平等的角度上，你的一切才容易让对方接受。

不要将朋友处于尴尬的境地

每个人每天在社会中与他人打交道,难免会出点儿丑事或是遇到某些尴尬的事。如果这些丑事没被别人撞见,那是万幸。可要是不巧被别人撞见,别人又当众将丑事说出去,那么就一定会招致当事人的反感,甚至会招致嫉恨。

姜伟是北京一家广告公司的客户经理。有一次,他与上司去拜访一位重要的客户。想探听客户的合作意向。

接待他们的是一位张经理,双方在会客室中交谈。在交换名片时,客户的名片夹里突然有东西掉在地上。所有的人都下意识地低头去看,马上,所有人都惊呆了,原来掉在地上的是一张美女的裸照。客户的脸一下子红了。显出一副十分狼狈的样子,其他的人也屏息噤声,气氛突然变得极其尴尬。

这时候,姜伟为了打破当时尴尬的气氛,就随口说了句:"没想到张经理还有这种收藏爱好呀!"客户的脸色马上变得更为难堪,当众起身走开,将姜伟他们晾在会客室中。这时,姜伟才意识到自己的失误,可为时已晚,与客户合作的事情就这样打了水漂。

对方本来已经处于十分尴尬的境地了,可姜伟不但不去想办法帮助对方挽回局面,还进一步让对方当众出丑,当然最终只会导致交往的终止。

在社交中,每个人都会在不经意间出丑。比如:在没有准备的情况下,打交道的人是与你有嫌隙的或者是你竞争对手的朋友;也许你邀请的客户是四川人,到了川菜馆后才得知对方不喜欢川菜,等等。这时候,如果出丑的是你的朋友,你不仅不要声张,同时还要尽量地帮助朋友遮掩,帮朋友圆场,这样会使对方觉得你为他做了一件值得嘉许的“善事”,对你感激不尽,还会在别的事情上去弥补你的这个人情,让你最终获得更大的收益。

这时候,有的人可能会问:打圆场是可以帮朋友化解危机的,但是如何去打圆场呢?打圆场需要哪些交际技巧呢?

其实,打圆场要具体根据当时的实际情况,你可以用幽默的话语转移话题,打破尴尬的局面;或指出各方观点的合理性,平衡各方的心理;也可以故意歪曲对方话中的意思,而做出双方都能够接受的解释;还可以肯定双方观点中的合理性,然后再为他们找出双方都可以接受的解决方法。具体来说,帮朋友打圆场的方式有以下几种:

1.将话题转移到轻松的事情上

在交际场合中,如果朋友双方在某个较为严肃、敏感的话题上持对立的观点,甚至将要发生争吵的情况下,你可以暂时规劝双方回避一下,然后再用一些轻松、愉快的话题来转移双方的注意力,或者对他们说些幽默的话语,将这种严肃的话题淡化,活跃交谈现场的气氛,从而缓和尴尬的局面。

比如,在谈判桌上,谈判双方为了某个问题而争得面红耳赤时,你可以让他们停止,并对他们说:“我看我们还是停下来,谈一下另一个话题吧,等你们把这个问题争明白,国足都能拿世界冠军了!”这样,双方便有可能避免一场争吵,并在幽默、轻松的气氛中进行下一步的交谈。

有时候,如果双方都是固执的人,不管你采取什么办法,还是争执不休,你要看看是否是双方的争胜情绪与较劲心理在作怪,这时候,可以帮助双方换一个角度来重新思考问题,灵活地帮他们分析问题,引导他们找到共同点后,最终找到解决问题的方法。

2.给对方的不当行为找个理由

你的朋友有时候出丑犯窘,主要是因为他们在特定的场合做出了不合时宜或不合情理的举动,于是,就在众人的注视下造成整个局面的尴尬与难堪。在这种情形下,最为行之有效的打圆场的方法,就是你换一个角度为对方的行为找一个理由,或者找一个借口,以合情合理的解释来证明对方有悖常理的举动,说明他们的举动在此情此境中是正当、合理的。然后用令人忍俊不禁的解释来缓和当时尴尬的气氛。如此一来,双方的尴尬局

面就解除了，聚会与谈话也就可以继续下去了。

有一次，著名评剧演员新凤霞与丈夫举办了一个晚宴。请了艺术圈内许多德高望重的前辈。在晚宴上，许多几年甚至几十年没曾见面的老艺术家相谈甚欢，气氛很是热烈。

当时，时年90多岁重病缠身的著名画家齐白石老先生也在看护人员的陪同下前来赴宴，但是齐老先生可能因为年纪大了，所以脑子有些糊涂，他入座后，就拉着主人新凤霞的手目不转睛地看着她。在这样的情况下。齐老先生旁边的看护人员有点儿看不下去了，就带着责备的口气对他说："您为什么总是盯着人家看呀？"此时，齐老先生不高兴了，说："我这么大年纪了，看她又有什么关系？她生得好看，怕我看吗？"说完，齐老的脸气得通红，弄得在场的人都收起了笑脸，气氛十分尴尬。这时候，新凤霞丈夫却笑着对齐老先生说："您尽管看她，她是演员，还怕人看吗？"这句话一出，在场的所有人都痛快地笑起来了，现场的气氛也再次热烈了起来。

新凤霞的丈夫恰当运用了一些说话技巧，为齐白石老先生的不合理行为找了一个较为合理的解释，以"她是演员，不怕人看"为理由，证明齐老先生看新凤霞没什么不对，这样就让他顺利地摆脱了困境，也使交往活动正常进行下去，场面又热烈了起来。

3. 曲解语义，缓和尴尬气氛

在交际场合，有些人难免会因为某些原因失言，但是，说出去的话如同泼出去的水，再也收不回来了。为了缓和这种局面，可以采用故意"误会"的办法，从善意的角度来故意曲解语义，作出有利化解尴尬局面的解释，将其向有利的方向引导并转化。

在一次大学同学的聚会上，大家由于多年没见，聊得十分开心。酒过三巡，其中一位男士就借着酒劲对一位女士道："你不记得我了吗？当初是你主动去追求我的，现在还想我吗？"按道理说，在老友重逢的气氛中，这些话虽然说出来有些不妥当，但是如果将它当笑话，也可以不了了之。恰好被说的女士当时心情十分不好，听了这话后脸色一变，气呼呼地说："你真是神经病！谁会追求你这种心理变态的人？”女士的声音很大，当时的场面一下子就僵住了，每个人都觉得十分尴尬。这个时候。郭惠站了起来，笑着说：“我们小妹的脾气还是没变，她喜欢谁，就会说谁是神经病，说得越厉害，就说明她越喜欢，小妹我说得对吧？”一番话，让大家都想起了大学时代大家在一起的美好时光，不由得七嘴八舌，相互都开起玩笑来，为此，郭惠帮那位女士平息了一场风波。事后，那位女士十分感激郭惠，说她帮了自己的忙，不然自己将会有多难堪呀！

在当时尴尬的气氛中，郭惠批评哪一方都是十分不合适的，这样也只会使双方的矛盾激化，从而最终破坏聚会的气氛。这时候，她选了一种最行之有效的办法，就是从善意的角度，对“小妹”的语言作出“歪曲”的解释，故意把“小妹”的那句用来骂那位男士的“神经病”理解为是一种“喜欢”，引导大家一起去回忆过去的美好时光，在这样的气氛之中，大家很快地就能够忘记刚才的尴尬与不快，最终避免了聚会不欢而散。

所以说，这种善意的曲解是保证人际交往正常进行的一种利器，是一种极有效也很有必要的交际手段。

4. 公平公正，让各方都满意

在交际场合中，当交际双方因彼此心中不满对方的看法而争执不休，并且也很难说清谁对谁错时，作为调解者应该理解争执双方当时的心理与情绪，千万不要厚此薄彼，以免火上浇油，使矛盾更加激化。有时候打圆场其实就等于是在拉架，但是如果你刻意地去打压一方、“拉偏架”的话，那就起不到效果了。所以，在这个时候，就要对双方的优势与价值都予以充分的肯定，在一定程度上满足他们的自我实现心理，在这个基础上，再拿出双方都能够接受的建设性意见，这样就极容易为双方所接受，最终缓和双方的矛盾。

某市一所中学举行大型文娱活动，学校为了构建和谐的师生关系。就让学校的教师也参与进来。校长将教师与学生分成两组，让他们自行编排与表演节目，然后双方各拿出3个节目，在学校的艺术节上进行比赛。

但是，表演刚刚结束，坐在下面的评委就分成两派，一派说教师组小品

演得很棒，一派说学生的舞蹈跳得最美，双方为谁拿冠军吵得不可开交。眼看着艺术节就要变成闹剧不欢而散，校长最终灵机一动，对大家说："到底哪个组能得第一，我看应该具体情况具体分析。教师组的小品十分富有创意，激情四溢，应该获得创作奖，但是，学生组的舞蹈也富有朝气，应该获得表演奖。"这样一来，场面才慢慢平静下来。

校长本人清楚文娱活动本身的目的并不在于真正分出高下，最为重要的就是要鼓励教师与学生共同参与，促进师生关系的和谐发展，基于这一考虑，在评委出现争吵局面时，他并没有与人们一起争论孰优孰劣，而是强调了两个小组的不同点与各自的优势，对两个小组都给予了充分的肯定，结果就极容易被大家所接受了。

综上所述，帮朋友打圆场，只要你能掌握以上几种方法，便可以成功地缓和气氛，帮朋友解围，最终达到良好的交际目标。

在社交中，每个人可能会在不经意间出丑。如果出丑的是你的朋友。那么你不仅不能声张，同时还要尽量地帮助朋友遮掩，帮朋友圆场。

给彼此留一些空间

有句话说得好，距离产生美。不要认为人与人之间的距离越近，关系就越深。有的人认为朋友相交多年，而且整天形影不离，也就百无禁忌了。其实，这种表面很近的距离、很牢靠的关系其实是很危险的，就像走钢丝一样，不跌便罢，一跌下去，那将会是粉身碎骨！

在我们的生活中，一个人的一生总会交到一些朋友，这些朋友中的大多数人只能算是普通朋友，剩下的那一小部分人才可以称得上是“死党”。但是人们经常也会经历这样的事情：一些“死党”无论先前关系有多么好，最后都会失去联系，有些是“缘尽情了”，有的则是因为一些矛盾导致“不欢而散”。

一个人能够拥有自己的“死党”是一件很不容易的事情，而“死党”一旦散开，特别是那种“不欢而散”，将是人生的一种莫大的损失。因此专家强调：好朋友需要“保持距离”，那样，朋友之间的交往才能长久而稳固。

人与人之间之所以会产生“一见如故”“相见恨晚”的特殊感觉，之所以会有“死党”和“知己”的产生，就是因为交际双方被彼此的气质所吸引，在这个基础上成为好朋友。但交际双方再怎么相互吸引，他们在某些方面还是会有些差异的，毕竟交际双方来自不同的环境，接受的是不同的教育，人生观、价值观等这些主观因素也是不可能完全相同的。当交际双方的“蜜月期”过去后，就会不可避免地产生一些摩擦，刚开始时交际双方可能会尊重对方，但是慢慢地就变成了容忍对方，一直到最后就会成为要求对方！当对方不能满足自己的要求时，交际个体就会开始背后挑剔、批评，严重的话，好不容易得到的友谊就会被破坏。

张默和一个新来的同事成了朋友，因为彼此很谈得来，爱好也很相似，

于是两人相处很密切。但是后来因为这位新同事的生活习惯非常随意，总是不注意办公室内的卫生状况，张默就觉得自己受到了不公平的对待，于是慢慢地他们之间产生了罅隙，并逐渐断绝了来往。

朋友之间的距离，是有些话可以听得见有些话却听不见的距离。有的人认为朋友之间是无话不谈的，实际上这是一个错误的认识。朋友之间，有些话是根本不可以说的，有些话是不可以直接说的，朋友之间一旦到了“无话不谈”的地步，距离“无话可谈”也就不远了。

俗话说“距离产生美”，对于友谊来说，距离产生的，是信任、理解和包容，为了让我们的人生更加丰富多彩，为了让我们的友情经久不衰，还是保持一定的距离吧。

人之所以能够从世间的万事万物中感受到和谐之美，全在于他与别人之间保持适当的距离。只有与周围的人保持恰当的距离，一段若有若无的距离，你们之间的关系才能永葆和谐。朋友帮你办完事后。不论结果如何。都要及时地对对方说声“谢谢”。因为“谢谢”是世界上最容易赢得友谊的办法，它也是加强人际关系的一件法宝。

拉近彼此距离有技巧

好人缘，从恰当的称呼开始

记住别人的名字，可以使你获得更多的尊重。能够记住对方的名字，你就可以避免在遇到对方时直呼"喂""哎""我说那个谁"这些不礼貌的词语，要知道，这样称呼别人是很伤人心的，你伤了对方的心，对方怎么会尊重你呢？

卡耐基曾经说过：**"不论在哪种语言之中，一个人的名字都是最甜蜜、最重要的声音。"**名字虽然是几个简单的字词，但它却是通向对方心灵深处的捷径之一，在一个陌生的场合，你轻松而亲切地叫出对方的名字，对方一定会感到惊讶和感动——在对方的眼里，你只是面熟而已。也许他已经记不起你们在什么地方见过面了，但是你居然叫出了他的名字，这无疑告诉了对方：你的名字对我很重要，就像你的名字对你自己一样重要。这样一来，你和对方的距离很快就拉近了。

记住别人的名字，可以使你在人脉路上畅通无阻。你知道对方的名字，说明你们以前有过交往，你能喊出对方的名字，说明了他在你心目中的分量，谁都愿意让别人重视自己，记住自己，你喊出对方的名字，恰恰会满足对方的这一心愿。投桃报李，对方也会重视你的名字的，并且会心怀愧疚地想："上次是人家主动叫出了我的名字，我却忘了人家叫什么，这次一定要记清楚，下次见面不要太尴尬了！"对方就会把你的名字刻在心里了。

拿破仑的侄儿——拿破仑三世曾经得意地说，即使日理万机，他仍然能够记得每一个他所认识的人。他的方法非常简单。如果他没有清楚地听到对方的名字，就会说："很抱歉，我没有听清楚。"如果对方的名字很不寻常，他就说："您能告诉我您的名字是什么写法吗？"

在和对方的谈话中，他会把那个人的名字重复说几次，试着在心中把名字跟那个人的特征、表情和容貌联想在一起。如果对方是个重要人物，拿破仑三世就要更进一步。一等到他旁边没有人，他就会把那个人的名字写在一张纸上，仔细看看，聚精会神地深深记在他心里，然后把那张纸撕掉。这样做，他记住的就不仅是名字的那几个字母，而是活生生的有眼睛、有耳朵的形象。

尽管有很多交际的理由让我们记住别人的名字，但即便是没有交际上的理由，我们也要记住别人的名字，因为这是一种善待生活的态度。

生活中我们也有这样的感受：遇到多年前的老师、领导，一见面对方能一下子叫出自己的名字，那么自己心中难免就有几分窃喜，感到自己被他人尊重；久未谋面的同学朋友，偶然相见，彼此都能叫出对方的名字，一种久违的亲切穿越时空，温暖心田。其实每个人都渴望受到别人的关注和尊重，而关注和尊重很重要的一步就是叫出对方的名字、强调对方的名字。

钢铁大王安德鲁·卡内基对钢铁制造的知识懂得很少，但是他成功了。因为他有千百人替他工作，他们比卡内基懂得要多得多。他知道如何与人相处——这就是他致富的原因。在卡内基早年时，就已经表现出了他的这种交际天赋。

卡内基10岁时，有一天抓到了一只母兔，不久就生了一窝小兔子，饲料因而不够食用。卡内基是如何处理的呢？他一点儿也不头痛，他的脑海里早有了很美妙的构想，他把邻近的孩子们集合起来宣布：谁能拔最多的草来喂小兔子，就以他的名字给小兔子命名。于是孩子们都争先恐后地为小兔子寻找饲料，卡内基的计划顺利地实现了。他始终没有忘记这一次的成功，终其一生，他就是利用人们的这种心理成功地领导着许许多多的人。

在商业界，他利用这种方法赚了好几百万美元。例如，他为了把钢铁轨道卖给宾夕法尼亚州铁路公司，就以该公司董事长区格·汤姆森的名字命名，在匹兹堡建立了一座大型钢厂。

有一次，卡内基控制的中央交通公司和普尔门控制的公司，都想得到联合太平洋铁路公司的生意，你争我夺大杀其价。一天晚上，卡内基在圣尼可斯饭店碰到普尔门，卡内基说："晚安，普尔门先生，我们岂不是在出自己的洋相吗？""你这话怎么讲？"普尔门问。卡内基把心中的话说了出来，他想把两家公司合并。他又把合作而不互相竞争的好处说得天花乱坠。普尔门专注地倾听着，最后问道："你这个公司要叫什么名字呢？"卡内基立即说："普尔门皇宫卧车公司。"问题就这样顺利地解决了。

卡内基这种记住以及重视朋友和商业界人士名字的方式，是他的卓越领导才能的重要秘密之一。他以能够叫出许多员工的名字而自豪，认为无法记住别人的名字就等于无法记住他的一项很重要的工作。

称呼对方要亲切、自然、准确

与陌生人交谈时要特别注意，对对方的称呼一定要尽量做到亲切、自然、准确。不可肆意而为，否则就是一种失敬的行为。

在与陌生人见面时，开口一般先要去称呼对方。正确、适当的称呼，不仅能体现出你的教养，更能体现出你对对方的尊重。所以，在与对方见面后，一定要注意自己的称呼语。

恰当的称呼语一般遵循两个原则：一是合乎常规，二是要合乎对方的乡俗，合乎常规的称呼语一般要考虑与陌生人交际的场合以及要称呼的对象。具体可以根据以下方面去称呼对方。

（1）**行政职务**。它是在较为正式的官方活动，如政府活动、公司活动、学术活动等中常用的。在这样的正式场合中，你可以称对方"李局长""王总经理""赵董事长"等。

（2）**技术职称**。如"张工程师""李会计"等，如果对方是一个领域中的

权威人士或专家，一般这样去称呼对方，以示对对方在业内地位的肯定。

(3)学术头衔。如“李博士”“张教授”等，这与技术职称不完全一样，如果对方是在学术或技术方面造诣很深，可以这样去称呼对方，以示对对方的尊重。

(4)行业称呼。如“解放军同志”“警察先生”“护士小姐”等，在不知道对方职务或是职称等的情况下，可以采用这种行业称呼。

(5)泛尊称。这是指对社会各界人士在较为广泛的社交面中都可以使用的表示尊重的称呼。比如“小姐”“夫人”“先生”“女士”“同志”等。你在不知对方姓名与其他情况(如职务、职称、行业)时，可采用此种称呼。

如果对方是长辈，可以用“叔叔”或“阿姨”等表示亲属关系的称呼去称呼对方，以示亲切。

此外，称呼要合乎对方的乡俗，以示对对方的尊重。比如，一些少数民族地区的称呼与汉族地区的称呼就不同，要根据具体情况，尽量按照对方的乡俗去称呼对方，让对方产生亲切感。

一般情况下，在称呼对方时，一定要避免犯以下几种错误。

(1)无称呼。就是没有称呼对方就开始没头没脑地与对方搭讪、谈话。比如:“哎，请问你……”这种做法要么会引起对方的不满，要么会引起对方的误会，所以一定要避免。

(2)替代性称呼。就是用非常规的称呼来代替常规的称呼。比如喊医院里的护士“十一号”、餐厅里的服务员向客人喊“那个穿红衣服的”，这是十分不礼貌的行为。

(3)易于引起误会的称呼。因为习俗、关系、文化背景的不同，有些容易引起误会的称呼切勿乱用。比如对于中国大陆的人，“同志”是很传统的称呼，而在海外的一些地方，甚至包括中国的港澳台地区，就不适用了。在很多地方，“同志”是表示同性恋的意思。所以，到外地去游玩，一定要注意，不要闹出笑话来。

(4)错误的称呼。常见的错误称呼无非就是误读或误会。误读就是念错姓名，为了避免这种情况的发生，对于自己不认识的字，事先要有准备。如果是临时遇到，要谦虚地向对方请教，不要凭自己的猜测去称呼对方，这样难免会引起对方的不满。

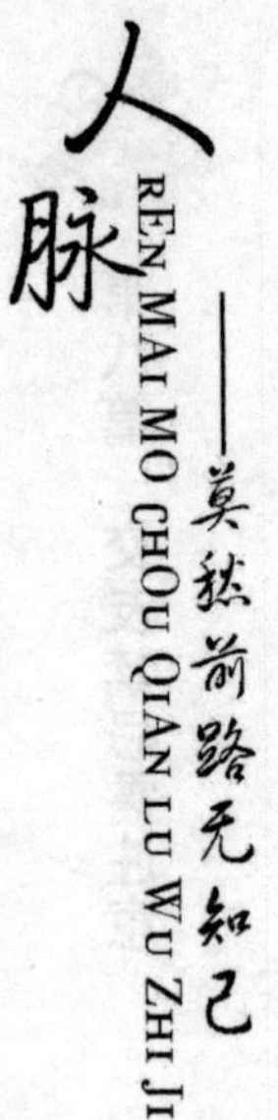

误会主要是指对被称呼者的年纪、辈分、婚否以及与其他人的关系作出了错误的判断。

李枫是某家电器销售公司的销售人员。在一次家电产品的展销会上。李枫看到一位女士正在挑选洗衣机。那位女士看上去大概有30岁左右，据观察，那位女士已经在里面转了很长时间，但是总没挑到合适的。于是李枫就走上前去说："夫人，请问您需要什么功能的洗衣机呢？"

对方听到后，很吃惊地说："对不起，我还没有结婚呢！"说着就瞅了一眼李枫，走开了。李枫感到极为尴尬，那位女士看起有30多岁，但是却没想到……

李枫就是在没确认对方年龄的情况下，只凭自己的猜测随便称呼，最终才闹出了笑话，使交谈也终止了。由此可见，失误的称呼会对社交活动产生不利影响。所以说，在称呼对方之前，一定要准确地把握好有关称呼的信息，以免引起不必要的误会，而让交谈还没开始就终止了。

(5)乱用庸俗的称呼。有些称呼在正式场合不适合使用，比如"兄弟""哥们儿"等一类的称呼，这些称呼虽然听起来亲切，但是显得不上档次，在一定的场合，你这样称呼对方，会让人生厌。

总之，在交际之始与交际之中，要慎用、巧用、善用称呼，这会使你赢得陌生人的好感，将有助于你与对方下一步的沟通进行得更为顺畅。

名字是我们每一个人都有的，而称呼是实际生活、工作以及各种社交场合中不可或缺的礼仪活动，同时这还是正式交往得以进行和展开的必要活动。记住别人名字，也就是为自己的人生赢得未来，是赢得口碑以及良好人际关系的开始。

找到别人不喜欢自己的原因

不管对方多招你讨厌,你也要尽可能努力地去忽略对方的小缺点,要怀着真诚的态度与对方结交。转变态度,与对方成为真正的朋友。

常经理是一个脾气执拗、注重实践的人,在他眼中,那些文质彬彬、不善言谈的人根本成不了什么大事。所以,当这类人与他提出合作时,他一般都会予以拒绝,文经理就是其中一位被他拒绝的对象。

那一次,在一家同行业间的展销会上,文经理得知常经理办的企业在同行业中发展得很好时,就踌躇满志地想与他合作。常经理看到文经理中规中矩的举止时,就对他说:"我有不喜欢你的理由,因此我不打算与你合作。"文经理感到莫名其妙,顿时也感到很失望。

几天后,另一家不起眼的小公司向文经理提出了非常详细的合作计划。两年后,两家小企业都发展得极快,文经理很快就成为一名企业知名人士,经常出现在各种媒体报道上。而常经理因为脾气执拗,错失了许多与其他公司合作的良机,企业发展得也越来越不景气。

常经理只是随着自己的喜好去交朋友,最终让他错失了许多良好的发展机会。要知道,芸芸众生,性格迥异,每个人都不可能随着你的意愿去与你结交,如果你不懂得与自己不喜欢的人结交,最终可能会失去许多良机。

"三人行,必有我师",世界上没有一无是处的人,你不喜欢的人身上的某些特点,也许正是你所不具备的。与这样的人结交,才更有助于去完善自己,帮助自己实现目标,这才是构建人脉关系网的真正目的。

那么,在交往中,如何去与自己不喜欢的人相处结交呢?以下的几种措施可以作为参考:

1. 放平心态，坦然接受

在交际场合，每个人都会遇到自己不喜欢的人，此时应该把心态放平一些，不要让脑海中总闪现出“他是我不喜欢的人”的念头。即便是再不喜欢对方，也不要轻易地表现出厌恶感，试想，如果对方也有这样的回应，就很容易造成互相敌对的局面。与其让自己多个敌人，不如让自己多个朋友，只要你放平心态，放下心中的一些偏见，真诚地与对方交流，也许你就会发现对方正是能够在某些时候为你提供帮助的人。

心理学家认为：“一个人对某类人或某些事情喜欢或不喜欢，其实都是其主观意识在作祟，主观意识所产生的厌恶感会引导你去排斥对方。你的这些意念可能起源于你过去的生活、工作经历，或是某些事情在你心中留下过不好的记忆，也可能是你自己过去所养成的好恶所致，总之，这是一种自然的心理反射作用。”其实，越是这样，你就越应该告诉自己看开一点，将个人的内心感受放到一边，不要去理会，坦然自若地与对方好好相处，如果能与对方处理好关系，说不定能够助你走向更大的成功，甚至还会改变你的命运。

2. 学会承认差别，求同存异

要知道，人与人之间是有差异的，这些差异不仅表现在体貌上，而且还表现在兴趣、能力、气质、性格等方面，这都是不以人的意志为转移的客观现实。不同类型的人，为人处世的方式与方法是不同的，为此，在与人交际中要承认这些差别，具体情况应具体对待，善于在与自己不同性格的人身上发现共同之处。

比如，你与自私自利的人相处，发现这种人经常以自我为中心，凡事都先从自己的利益出发去考虑问题。遇到这样的人，最好就是要按捺住自己的厌恶之情，用最恰当的方式投其所好，一旦对方发现获得了自己的利益，心里自然会高兴，如此一来，就可以让他帮你解决你的困难。

如果你承认了人与人之间的差异，你就不会再去强求别人处处要与自己一样了，就可能消除与对方“合不来”的感觉，慢慢地，就感觉对方没有那么讨厌了，试着以真诚的态度与对方结交，就能与对方建立良好的关系。

3. 多从侧面了解别人

每个人都有不足之处。所以，在人际交往中，不要强求别人处处完美

或者是死揪住对方缺点不放，也不要选择躲避这些人，而是要多从侧面去了解对方，这样就能发现对方这种缺点的形成也是有一定的原因的，并从侧面了解到对方一些其他的优点，如此，你就可以很容易放下对方的缺点，与别人结交。

比如，在某个交际场合，你遇到一位沉默、呆板、孤僻的人，你很不喜欢对方。但是，通过调查，你又得知对方在他个人的生活中是经受了许多的坎坷和磨难的，甚至还曾经受到严重的精神打击，或许你就可以更多地理解他、体谅他、同情他；另外，你又发现对方是个讲诚信、懂得珍惜友情的人，这样你就会更乐意与对方接近、交往了。他也因此会十分感激你，对你更为忠诚。

总之，在交际过程中你要记住：小的让步可以让自己获得大的收益。不管对方再招你讨厌，你也要尽可能努力地去忽略对方的小缺点，怀着真诚的态度与对方结交，最终转变态度，与对方成为真正的朋友，这是你拓展和维护人脉关系的有效方法。

俗话说："酒逢知己千杯少，话不投机半句多。"许多人在与人交朋友的过程中，都可能有过这样的感觉：见到自己喜欢的人就会感到格外的亲切、欢喜，很想与对方结交；而当看到自己不喜欢的人，心里就会感到极为反感，甚至会对对方嗤之以鼻，与他们远远地保持距离。这种做法对扩大和发展自己的人脉关系将会产生不利的影响。

适可而止的幽默让你赢得广人脉

在人际交往过程中，如果你能够适时运用幽默或者开玩笑，不仅可以打破冷场，还可能让对方因为羡慕你的口才而更加喜欢你。更愿意与你进一步交往。但是如果运用不当，就会让人觉得你是一个粗俗不懂礼貌的人。

要想获得别人的好感，在别人心中留下良好的印象，合理地利用幽默与开玩笑也是一种较好的办法。因为幽默、开玩笑能够消除你与对方之间的陌生感，是人与人之间交际的润滑剂。适当地幽默、开些玩笑，既可以松弛神经、活跃气氛、放松心情，同时也可以营造出一个极为轻松愉快的氛围，有利于你与对方良好关系的形成。但是，一定要善加运用开玩笑、幽默力量，否则就会适得其反。

张宁是一家公司的部门经理，在与人交往的过程中，他总表现得大大咧咧，而且还十分喜欢开玩笑，为此，周围的朋友给他起了一个绰号叫"开心萝卜"。张宁也为此赢得了不少的朋友。

有一次，张宁参加一场成功人士的论坛，在那里遇到了某公司的经理李琳。李琳人长得很漂亮，张宁以前只是听人说过，却从未与她见过面。张宁很想与李琳交朋友，就故意走到她的旁边想向她敬酒。可李琳因为近来身体不大舒服，不想喝酒，就说道："我今天不能喝酒，只能以茶代酒了。"张宁却开玩笑地说："交杯酒你总得喝吧？来，咱俩喝一杯，你就当是喝交杯酒。"顿时，大家哈哈大笑，非要李琳喝酒不可。在这样的场合下，李琳的脸顿时变得通红，后来便匆匆提前离场了。

事后，张宁意识到自己的那个玩笑开得失了分寸，惹怒了李琳，虽然他也向她赔礼道歉了，但张宁心里很明白，自己的这个玩笑已大大损害了他

在李琳心目中的形象。

在交际场合中,开玩笑时要注意哪些问题呢?

1. 开玩笑要因人而异

开玩笑一定要注意性格差异、男女之间的差别。一般情况下,如果对方的性格较外向、能宽容忍耐,开对方的玩笑就不会出现什么意外,即便说了不合适的话,也会得到对方的谅解。而对性格内向、喜欢琢磨别人言外之意的人而言,要开对方的玩笑就需要仔细考虑清楚了。另外,男性一般对语言情境很不在乎,对一般的玩笑对方都能够接受,而女性则对语言情境比较敏感,不得体的玩笑会使女性很难接受,甚至使她们处于极尴尬的境地。

2. 开玩笑要注意长幼关系与亲疏远近的差异

在交际场上,长者对幼者开玩笑,一定要保持稍为庄重的态度,开玩笑不要太伤对方的自尊心;而幼者对长者开玩笑,首要的就是要尊重长者;与自己亲近或熟悉的朋友在一起,即便是开比较重的玩笑,也不会影响彼此间的关系。但和与自己比较陌生的人在一起,如果对对方的个性、经历、情趣不了解,就贸然地开对方的玩笑,极有可能招致对方的反感,从而影响今后的进一步交往、发展。

3. 开玩笑要恰如其分,符合时宜

同一个人,在不同的情况下会产生不同的心境与情绪,所以,开玩笑也要看清场合,了解对方的心情。俗话说:“人逢喜事精神爽。”要开朋友的玩笑,最好要选择在对方无忧无虑、心情舒畅的情况下。如果对方是因小事而生气,也可以通过开玩笑将对方的情绪扭转过来,但是,当朋友情绪低落或者遇到难题,需要朋友安慰和帮助的时候,千万不要开对方的玩笑,弄不好会使对方认为你在幸灾乐祸,从而与你翻脸,友谊将无法持续。

开玩笑要讲求场合与环境,一般来说,当你的朋友正在专心地学习或者工作时,你千万不要用玩笑去打扰对方,否则会因影响到对方而惹怒他。在一些要求保持肃静的公共场合,更不适宜开玩笑,这样会影响到当时极其庄重的气氛,引起人们的误解。此外,在大庭广众之下,最好也不要与你的朋友打趣逗笑,以免影响到别人,招致其他人的反感。

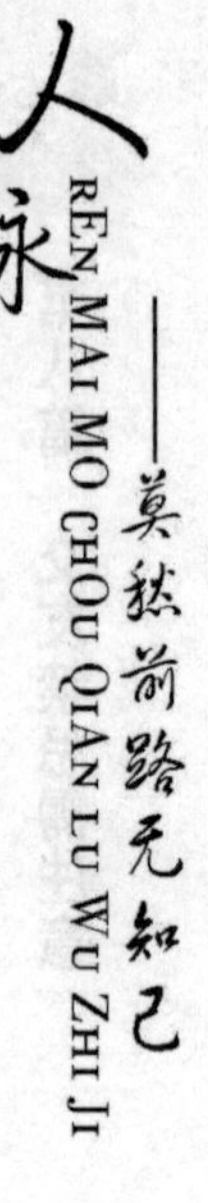

4. 开玩笑的内容要健康

如果你津津乐道男女之间的隐私，向朋友绘声绘色地传播庸俗、无聊甚至下流的情节；如果你捕风捉影，将某些小道消息作为茶余饭后的笑料，这是不负责任的低级趣味。凡此种种，都属于低格调、内容不太健康的玩笑。与朋友在一起，如果你拿这些不太健康的信息与朋友说笑，会让朋友觉得你是个低级趣味的人，最终远离你。你开的玩笑内容一定要带有思想性、知识性与趣味性，使大家在玩笑中学到知识、受到教育、得到陶冶，这样才能让朋友佩服你的幽默，最终对你产生好感。

5. 开玩笑不要揭人隐私、揭人短

每个人都有自己的隐私，每个人也都不会愿意让别人触及自己的隐私，所以，我们在开玩笑的时候，千万不要触及别人的隐私。如果你拿对方的隐私开玩笑，很容易伤害对方的人格和自尊心，会让对方认为你是一个没有修养、十分无趣的人。如果你拿其他人的隐私去与你的朋友开玩笑，如果这话传到被说者的耳朵中，会给你招来许多不必要的麻烦。所以，关于他人隐私的内容，还是要少触及。

可见，在交际场合开玩笑一定要看清场合、看清对象，开玩笑的内容也要具有思想性与知识性，使大家能够在你的玩笑中学到知识、受到教育，最终收到更为积极的交际效果。

当然，幽默也不例外，运用幽默是一种技术。

幽默能表现说话者的风度和修养，使人在忍俊不禁之中对你产生好感。它是一种高深的说话艺术，能够赢得听众的敬重。幽默是促进你与陌生人有效沟通的助推器，只有善于运用，才能够赢得更多的朋友。

要想成为一个幽默的交际高手，首先要学会培养幽默感，良好的幽默感，不仅可以展现个人魅力和亲和力，让自己的生活多姿多彩，还可以带领别人进入你的幽默世界中去，从而建立一种良好的社会关系。那么，怎样培养自己的幽默感呢？

1. 要培养自己的乐观心态

保持乐观的心态主要是指在遇到事情时，一定要用积极的想法去面对，即便是失败了，也要看到事物更为积极的一面，而不是一味地怨天尤人。可以说，真正幽默的人，其实是自信的人，他们不怕受人嘲笑，而且也

非常善于自嘲,这种自嘲实际是建立在自信的基础之上的。

2. 要多与人交往,多学习新的知识

幽默的人,在观察事物时从来不因循守旧,会从自己的角度出发形成自己的观点,常常语出惊人。要做到这点,就要求你与别人交流时,一定要多学习,集思广益,丰富自己的词汇,一个人有了广博的知识后语言才能丰富。另外,丰富的词汇有助于表达幽默的想法。如果你的词汇过于贫乏,语言的表达能力太差,那就无法达到幽默的效果。另外,在自己空闲的时候也要多看看幽默故事、机智故事、脑筋急转弯等,以提高个人思维的敏捷性。

培养了幽默感后,如何去运用自己的幽默感呢?

1. 适时地讲笑话

在与陌生人见面之前,可以根据你们说话的主要内容,事先准备几个小笑话,或者在平时多注意积累一些小笑话,在适当的时候向对方讲出来,可以起到活跃气氛的作用。

另外,在每次讲话结束的时候,最好能够激发全体听众发自内心的笑容。不妨试一试,用风趣的口吻讲个小故事,说一两句俏皮话、双关语或是幽默的祝愿词,都能达到很好的效果。

2. 善于运用肢体语言

一个人的幽默与其肢体语言也是分不开的。黑格尔说过:"同样的一句话,不同的人用不同的语言表达出来,就会有不同的含义。"也就是说,同一句话,由于每个人表情、动作语气等的不同,给人的感觉是不一样的。所以,在与朋友见面时,要善用你丰富、夸张的肢体语言来增加你的幽默。

总之,幽默、开玩笑是拉近你与陌生人之间距离的最好方式,在与陌生人交流时,一定要善用幽默开玩笑来增加你的个人魅力,从而获取别人的好感。

"大度能忍,方为智者本色。"在人际交往当中,如果没有海纳百川的容人度量,是很难容忍别人的缺点及对自己某些利益的损伤的。

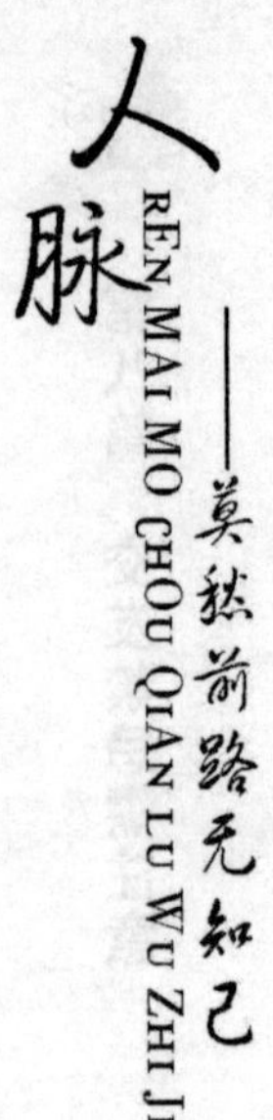

赠人玫瑰　手留余香

为朋友做了事,送了人情后,不要担心朋友因为你不说就忘记你的人情,否则,对方可能会尽快地想方设法去还你的人情。之后便会对你敬而远之。

在生活中,有些人因为虚荣心的缘故,为朋友做了事情,送了人情,一旦大功告成,便天天将朋友欠自己的人情挂在嘴边,生怕朋友忘记。或者是帮朋友办成一件事后,便不知道自己姓什么了,将小事说成是大事,生怕人家忘了自己曾经出过力、立过功,而这样只会无形中给对方造成一种心理负担和心理压力,最终使你与朋友的关系变质。

晓雷与陈锋是大学同班同学,两个人的关系很好。毕业后,晓雷在亲戚的帮助下,进了一家待遇非常好的单位,而陈锋还在因为找不到合适的工作四处奔波,经常身无分文,日子过得很窘迫。

后来,一个偶然的机会,陈锋从别人那里得到了晓雷的联系方式,并且听说晓雷现在过得不错,在无奈之下,就给晓雷打电话,并说自己要到广州找工作,想向他借些钱。恰好,那天晓雷刚在单位升了职,很是高兴,便爽快地答应借给他 1000 块钱,最后还大方地说:"都是老同学了,拿去花吧,不用还了!"

陈锋很是高兴。没想到晓雷这么热情。更没想到的是,晓雷在他们的同学中到处宣传自己的善举:他借给陈锋 1000 块钱救急,并说明,自己借给他的这些钱,还不用他再还。后来,这话传到了陈锋的耳朵中,他感觉晓雷的举动严重伤害了自己的自尊心,随即就把钱还给了晓雷。从此,再也没主动与晓雷联系过。

晓雷原本是想帮助陈锋的,这令陈锋也非常感动。但是在后来,他心中就一直怀有一种优越感,觉得自己帮助陈锋很了不起,就到处宣扬自己的善举,最终严重伤害了陈锋的自尊心,也伤害了朋友间的情谊。

在人际交往中,像晓雷这种行为是极不妥当的,常常会引发负面的效果,那就是费力不讨好的行为。你虽然帮了朋友的忙,却没有增加自己人情账户的收入,主要是因为你骄傲的态度,将这笔账抵消了,最终还会使朋友对你敬而远之。

其实,为朋友做了事,送了人情后,不要担心朋友因为你不说就忘记你的人情,对方不说也并不因为对方心里不清楚,如果你多说,对方可能会尽快地想方设法去还你的人情,之后便会对你敬而远之。在以后的交往中,即使你再有能耐,朋友亦会另请高明。

所以,在帮助朋友后,一定要端正心态,正确地对待你的付出。具体应该如何去做呢?

1. 更新观念,不过于算计人情

要知道,人际往来,朋友间的帮忙是应该的,切不可像做生意一样赤裸裸地去算计人情,这样只会让朋友觉得你很势利,或者认为你是个利欲熏心的人,最终远离你。

在你的朋友中,每个人都不想去欠别人的人情,如果你在与朋友交往的过程中,将每一件事情都算得清清楚楚,而忽略了朋友间的感情交流,只会让人兴味索然,你与朋友间的交情也维持不了多长时间。

2. 诚心去帮助别人

如果你的一个从未给予过你帮助的朋友请你帮忙,你也要高高兴兴地予以帮助,不能表现出不甘心、不情愿,要以真诚的态度自然地去帮朋友,不要使对方觉得接受你的帮助是一种负担,这样当你有求于对方的时候,对方才更乐于为你效劳。

如果你帮助的对方是一个能处处为别人考虑的人,你为他帮忙的种种好处,他绝不会忘记,他也会用各种各样的方式来回报你,你将会收获更多。

在帮助别人的时候,时刻要记住:你现在的付出是在为你的以后积累人情、人气,切不可让你的一些不适当的举措,将你付出的一切磨灭掉。

总之，在人际交往中，不要认为为朋友做了事、送了人情，便将之时常挂在嘴边，要记住，没有人会因为你不说，而忘记你送的人情，只要付出，就能得到收获。

心灵悄悄话

我们在生活中经常遇到这样一种人，他们与别人交谈时，完全忽略了对方说话的主题思想，只有在某个词汇引起了他们的兴致时，他们才会突然打断别人的谈话，然后围绕这个词汇"展开联想"，侃侃而谈。这样的人一般都是些极度以自我为中心的人。如果你希望别人喜欢你，那么，在你见到别人的时候，你也应该发自内心地感觉到很愉快。如果你希望自己有丰富的人脉，首先应该喜欢和别人、和人群待在一起。

做个聪明的说话人

你可以婉转地表达

每个人都会有犯错误的时候，有时我们心里知道是自己错了，但嘴上却不肯承认，因为承认自己错了，就太没面子了。而这时如果有人毫不客气地指出我们的错误，我们也会表现出不以为然的态度，或者反唇相讥，甚至对指出自己错误的人心生怨恨。

由己推人，无论你采取什么方式指出别人的错误，比如一个轻视的眼神、一种不满的腔调、一个不耐烦的手势，都有可能给人带来难堪。你以为他会同意你所指出的“错误”吗？绝对不会！

聪明的人总是直话不直说，说话会拐弯儿，委婉地表达自己的意思，使听者懂得话外之音。说话如直炮筒子般的人未必会受欢迎！

理论上讲，待人处世中应该做到坦诚，不说假话，直来直去。而且在现实中，人们口头上也一向把直来直去的性格，作为一种美德，倍加赞赏。

中国人的行为模式很特殊，最明显的一点就是，表面上一套，实际上可能是“意在言外”。换句话说，就是嘴上说喜欢“直来直去”，内心深处却并不喜欢“直来直去”。

直来直去，实际上就是“不给面子”，使对方心中不快，以致造成双方关系破裂，甚至反目成仇。事后想想，仅仅因为区区小事，非原则性问题而失去人脉，真是毫无意义，悔之晚矣！

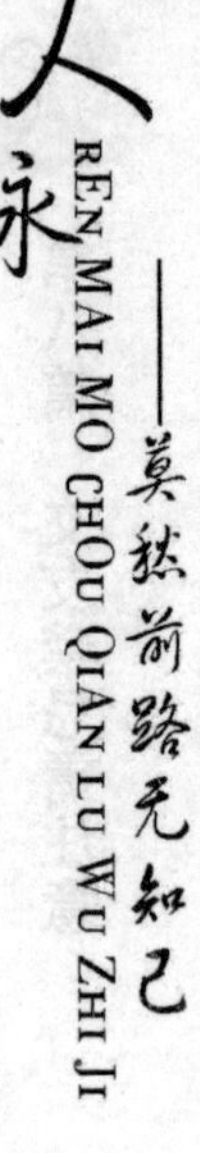

朱元璋称帝后,要册封百官,可当他看完花名册时,心里又犯起了愁。因为功臣有数,但亲朋不少。封吧,无功受禄,群臣不服;不封?面子上过不去。

军师刘伯温看出朱元璋的难处,又不敢直谏,一来怕得罪皇亲国戚,惹来麻烦;二来又怕朱元璋受不了,落下罪名。但想到国家大事,不能视而不见,最后,他想出一个方法,画了一幅人头像,人头上长着束束乱发,每束头发上都戴着一顶乌纱帽,献给了朱元璋。

朱元璋接过画,细品其味,忽然哈哈大笑道:"军师画中有话,乃苦口良药。真可谓人不可无师,无师则愚;国不可无贤,无贤则衰!"原来,刘伯温画的意思是,"官(冠)多法(发)乱!"

刘伯温此举,不但未伤害到朱元璋的面子,不犯龙颜,还道出了谏言:"官多法必乱,法乱国必倾,国倾君必亡。"画中有话,柔中有刚,是待人处世高明的"说话会拐弯儿",使听者懂得话外之音,达到预期的目的。

说话委婉可以巧妙劝说上司改正自己所作出的错误决定,让上司从你婉转的话句中自己悟出应该如何去做。

有一次,齐景公让养马人给他养一匹他最喜爱的马,不料这匹马突然死了,景公大怒,让人拿刀把养马人肢解掉。

这时,晏子正好在景公跟前,见左右拿刀进来,便阻止了他们,问景公道:"尧、舜肢解人体,从身上哪一部分入手呢?"

一听这话,景公明白了晏子的意思,尧和舜都是古代明主,他们从来不用酷刑:便下令不肢解,而是把养马人交给狱官处理,晏子又说道:"他还不知道自己的罪过,就要死了,请让我数数他的罪状,好让他明白自己犯了什么罪,然后再交给狱官。"

景公说:"可以。"

于是,晏子就数落养马人说:"你知道你有三大罪状,应判死刑。君王让你养马,你却把马养死,这是死罪之一;你把君王最爱的马养死,这是死罪之二;你让君王为一匹马的缘故而杀人,百姓知道了肯定会怨恨国君残暴,诸侯们听到这样重马轻人,肯定会轻视我们的国家,甚至加兵于我们。

你让君王的马死掉，使百姓积下怨恨，让我国的国势被邻国削弱，这是死罪之三。你有这三条应判死罪的原因，就把你交给狱官吧。"

景公听了晏子的这些话，猛然醒悟，赶紧说："放了他吧，不要为此而坏了我仁义的名声。"

聪明的人总是直话不直说，说话会拐弯儿，委婉地表达自己的意思。晏子如果直接向齐景公建议减轻刑罚，不但达不到目的，而且很可能会引起齐景公的不悦，到头来事与愿违，后果也很难设想。

由此可见，即使真理站在我们这边，用最温和的态度对他说"你错了"，对方要接受这样的事实都是困难的。因此，在好心提醒别人错误的时候，就必须运用一些技巧使对方察觉不到"你错了"这三个字。一位人际关系学家对此说："必须用若无实有的方式教导别人，提醒他不知道的、好像是他忘记的，或者是一时疏忽造成的错误。"用若无其事或者提建议的方式提醒别人是一种不错的方法。

与朋友发生争吵，会使事情变得更糟

当你发现你的朋友正在"怒火中烧"时。你与他交谈就要谨慎了。要抓住与对方沟通的要点，避免引起他的第二次情绪波动。

在与朋友相处的过程中，遇到双方意见不统一或是各自的利益受损的情况时，双方很容易会争执不下、争斗不休，这时候的情绪是最难控制的，稍不小心就容易与朋友争吵起来。

在很多情况下，你周围的朋友与你的思想、观念以及为人之道都会有不同，这种不同程度的差异可能会转化为相互间的矛盾。

人们经常会只站在自己的立场与利益的角度去看问题，只顾阐述自己的观点和看法，而对于对方的看法与意见，根本就不会去加以分析和理会。如此一来，双方难免会出现情绪激动、面红耳赤的现象，甚至在恼怒的情况下，还会去揭对方的老底。

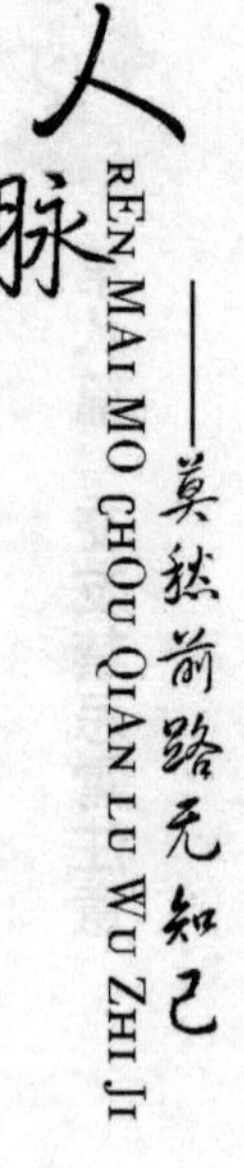

这时候，如果你采用争吵的方式，不仅不会解决问题，还会让事情越变越糟糕。

有些人在与朋友翻脸之后，明知已经铸成大错，还仍然做不后悔状，还经常认为："这样的朋友不交也罢。"这样一来，你得到的仅仅是心烦意乱，而失去的却是朋友间的情谊以及一些成功的机会。其实，任何独立的、有主见的人，如果想在交际场中拥有良好的交际关系，都应该正视争吵的问题。

牛浩是广州一家贸易公司的业务经理。有一次他代表公司去另一家公司进行商业谈判，过了一会儿，双方因为价格的问题发生了很大的矛盾。牛浩当时十分生气，明明自己报的是市场价，而对方却认为他做人不地道，于是牛浩也回了句："做人地不地道不是由你说了算的！"这时，对方代表突然站起来，直奔牛浩面前，然后挥舞着愤怒的拳头，对他大发雷霆地说："牛浩，我们以前合作过多少次了，能看出来你是一个无利不图的奸商！我有绝对的理由说你做人不地道！"

牛浩当时也怒火中烧，便顾不得许多，与对方恣意地谩骂了起来，双方还差一点动起手来。

最终，谈判没有往下进行，双方不欢而散。牛浩当月因为没有完成销售任务而被扣了奖金。后来，那个客户又打电话给牛浩的领导，说牛浩当众骂人之类的话，两个月后，牛浩因为失去了一位大客户，给公司造成了一定的损失，就被降了职。

由此可见，与朋友发生争吵，会使你失去更多成功的机会和希望。所以，在与朋友交往时，一定要避免与对方发生争吵，即便是对方的错误，也一定要尽力地冷静下来，用微笑与坦诚来感化对方，最终使问题得到圆满解决。

在交际场合中，那些有经验、有涵养的人，在与周围的朋友进行交往、谈判或合作时，总是会面带微笑，永远摆出一副坦诚的样子，即使与朋友发生了矛盾，也不会与他们发生口舌之争。他们总是以和为贵，尽力地去赢得对方的好感，提高自己在他人心中的地位，最终达到自己的交际目标。

以下几点可供你参考：

1. 站在对方的立场思考问题

成功学大师卡耐基曾说："在交际场上，你永远赢不了争吵。与朋友发生争吵，如果是你输了，当然你就输了；如果你占了上风，获得了胜利，最终还是输了，这样证明你并不是一个懂得交际法则的人。"

所以，在与朋友发生矛盾分歧时，一定要尽可能地避免与对方发生争吵。

当你与朋友都各执己见、观点发生冲突时，你应该马上冷静下来，控制情绪，把握自己，站在对方的立场上去思考问题，真诚地对朋友说："原来是这样啊！你说的是正确的，是我考虑不周。""我经常为此而出错，不过幸好有你的提醒，我才不至于犯相同的错误"等，主动去承认自己的不足之处，会马上消除彼此心中的冲动，最终使交谈顺利地进行下去。

有人可能会说："自己没犯多大的错，去向对方认错，会不会显得太懦弱了？"

其实，在朋友眼中，你主动去向对方承认错误，并非是懦弱，而是一种"包容"和"大度"的表现，会使其从内心去敬佩你、感激你，会更乐于与你交往，你的人脉关系网就会得到不断拓展，让社交的成功推动事业的成功，岂非人生一大幸事？

2. 不要将争论与交情混为一谈

在交际场上，有时候，你与朋友进行的争论是一场积极的争论，也就是说，它值得去争论，但是在这个过程中，仍然需要时时地去把握自己。

当你获得争论胜利的时候，一定要表现出自己的大将风度，不应该去计较对方对你表现出的态度。

当然，对方向你认错的时候，也要坦诚接受，千万不要给对方难堪，要顾及对方的面子，这时候，你可以给对方一支烟或者是一杯茶，或者是要求对方帮自己一点小忙，就可以令双方都恢复愉快的心情。

要记住，在交际中，争论是一回事，而你们的交情又是一回事，切不可混为一谈。

如果你与对方要谈的事情不是特别紧急，就完全可以等对方的情绪调整好后，再与他进行交谈。如果对方在气头上并冲你发了脾气，最好的办法就是保持沉默，等对方的情绪稳定后，再作相关的处理。要知道你此时的解释、争辩或是道歉，只会是火上浇油，也只会加深事态的严重性，对自己也是没有任何好处而言的。

人非圣贤，孰能无过。每个人都难免会做出一些不合适的事，这时，即使你已经看破对方的心思，也要把握好分寸，给对方留足面子，最好不要直接点破。交往中，一般应尽量避免触及对方的敏感区，避免使对方当众出丑。总之，不要对别人的错误过于敏感，不要执着于所谓正确的意见，不要轻易刺激任何人，这会让你获得更好的沟通效果。